Angelika Back
Lena Buchmann

ZUKUNFTS-ZWERGE

MIT KINDERN FORSCHEN, EXPERIMENTIEREN, LERNEN

Müll, Recycling und Upcycling

Kaufmann

Inhaltsverzeichnis

Unsere nachhaltige Kita

MIT KLEINEN IDEEN GROSSES BEWIRKEN

Sie, ich, wir, die Kita, die Familien, die Industrie, die Landwirtschaft, der Groß- und Einzelhandel: Wir alle werfen zu viel weg: zu viele Lebensmittel, zu viel Kleidung, zu viel Plastik, zu viel Sondermüll. Die gesamte Weltbevölkerung produziert jeden Tag etwa 3,5 Mio. Tonnen „neuen" Müll. Was sind die Folgen davon? Muss das so bleiben? Was können (oder müssen?) wir als pädagogische Fachkräfte dagegen tun? In diesem Heft finden Sie kleine Ideen mit großer Wirkung für mehr Nachhaltigkeit in der Kita. Denn schon mit kleinen Ansätzen kann man helfen und das Bewusstsein der Kinder für nachhaltiges Leben, „Müll" und die Probleme, die damit einhergehen, wecken.

Mal nachgefragt: Was bedeutet denn eigentlich „nachhaltig"?

Vor etwa 300 Jahren fiel dem deutschen Adligen Hans Carl von Carlowitz auf, dass der Wald wegen zu starker Nutzung allmählich von der Bildfläche verschwand. Er stellte die „Regel der Nachhaltigkeit" auf, die in kurzen Worten besagt: „Es dürfen in einem Wald nur so viele Bäume gefällt werden, wie nachwachsen können." Damit stieß er zunächst in der Fortwirtschaft ein Denken an, das als „Generationenvertrag" bald auch von der Wissenschaft und Politik gesehen wurde. Heute ist daraus eine internationale Bildungskampagne entstanden, die den Namen *Bildung für nachhaltige Entwicklung (BNE)* trägt. Ihr Ziel ist es, Menschen durch gezielte Informationen zu befähigen, nachhaltiger zu leben, und zwar durch „zukunftsfähiges Denken". Die Menschen sollen durch nachhaltige Bildung erkennen, dass ihr Handeln – was immer es ist! – Konsequenzen hat: für sie selbst und für andere. Das betrifft sowohl das Handeln in allen ökologischen Belangen als auch in den Bereichen Ökonomie/Wirtschaft und im sozialen Miteinander. Damit ist Nachhaltigkeit viel mehr als Umweltschutz: Die Empfehlungen des *BNE*-Programms stellen weltweit die Grundlage für die Gesellschaft von morgen dar – und damit auch für dieses Heft.

Was bedeutet „Bildung für nachhaltige Entwicklung" in den Kitas?

Nachhaltigkeit ist ein besonders wichtiges Thema, gerade in der Kita als Bildungsort. Hier werden die frühen Grundlagen für späteres Verhalten gelegt und gerade im Kindergartenalter sind die Potenziale von Kindern besonders groß, denn die Entwicklung der Kinder nimmt hier einen rasanten Verlauf. Mit dieser Überlegung übernehmen Kitas eine unglaubliche Verantwortung. Das *Forum Frühkindliche Bildung* hilft dabei, *BNE*-Richtlinien in der

Wer oder was steckt hinter BNE?

Die *UNESCO* hat 2015 im Anschluss an die *UN-Dekade* ein Weltaktionsprogramm herausgegeben, an dem sich Deutschland und viele andere Länder weltweit beteiligen und das in Deutschland kurz *BNE* (Bildung für nachhaltige Entwicklung) heißt. 2020 startet das neue *BNE*-Programm. Und wer denkt sich all das aus? In Deutschland erarbeitet das *Bundesministerium für Bildung und Forschung (BMBF)* zusammen mit Entscheidungsträger*innen aus Politik, Wissenschaft, Wirtschaft und anderen Bereichen Pläne mit dem Ziel, Bildung für nachhaltige Entwicklung im Bildungssystem zu verankern. Das ist gar nicht so einfach und die Kriterien der deutschen *UNESCO*-Kommission erstrecken sich bei Weitem nicht nur auf den Schutz der Umwelt. Sie nehmen auch Themen wie Chancengleichheit, soziale Gerechtigkeit, Diversität und viele andere mit auf. Der erste Grundsatz lautet aber, der Mensch solle „sich als Teil der Natur und die Natur als Lebensgrundlage verstehen, woraus der Einzelne Schlüsse für sein Leben und seinen Alltag ziehen kann"
Quelle: *www.bne-portal.de*

frühkindlichen Bildung zu verankern. Gemeinsam mit den Landesministerien, mit Verbänden, Umweltbildungseinrichtungen und vielen anderen gibt das *Forum Frühkindliche Bildung* Informationen zu grundlegenden Handlungsfeldern, Zielen und Umsetzungsmöglichkeiten heraus. Hilfreich ist auch die Broschüre „Leitfaden zur nachhaltigen Kita" der *Alice Salomon Hochschule Berlin*, die sich an Kita-Leitungen richtet. Problematisch ist aber, dass die *BNE*-Ideen in den Bildungs- und Orientierungsplänen der einzelnen Länder noch viel zu wenig präsent sind. Hier ist nicht nur die (Bildungs-)Politik gefragt, sondern Sie selbst können mithelfen: Verankern Sie Nachhaltigkeit in Ihrer Kita-Konzeption oder zumindest in Ihrem Tagesablauf! Machen Sie aufmerksam auf diese Lücke!

Der Streit um nachhaltig oder nicht: Das Bewusstsein zählt

Sie möchten in der Kita, in der Kita-Gruppe und auch selbst nachhaltiger leben? Dann bekommen Sie bestimmt Streit. Das ist kein Scherz, denn wer nachhaltig leben will und das nach außen trägt, der macht sich angreifbar: Ist es nachhaltig, Spielzeug selbst herzustellen, anstatt es zu kaufen, wenn man dazu Bastelmaterial im Discounter kauft? Muss Glitzer wirklich sein, wenn doch bekannt ist, dass Glitzerpulver inzwischen im Grundwasser zu finden ist? Hilft es, fürs Kita-Frühstück ab sofort nur noch Lebensmittel aus Biolandwirtschaft zu kaufen, Reste aber einfach wegzuwerfen? Nachhaltig ist nicht einfach, keine Frage! Und nachhaltig ist auch anfechtbar. Wer sich vegan ernährt, verhindert Tierleid, aber wer dabei Flugman-

gos und Avocados isst, der unterstützt Wirtschaftskreisläufe, die überhaupt nicht nachhaltig sind. Solche Beispiele gibt es in Hülle und Fülle. Klimakrisenleugner und Polemiker aller Couleur rechnen den „Gutbürgern" oder den Biobürgern dann vor, wie „un-nachhaltig" sie eigentlich handeln. Neben all dem Streit gerät in Vergessenheit, was doch der zentrale Punkt ist: Das Bewusstsein zählt! Das freundliche Denken an sich selbst, an andere und an die Welt ist wichtig. Und das Wissen über die Folgen, die unser Verhalten haben kann. Bildung und freundliche Bewusstheit sind der Dreh- und Angelpunkt, der die Welt verändern kann. Ganz ohne Druck, denn niemand lebt wirklich zu 100 % nachhaltig. Trauen Sie sich, das Thema im Team oder noch besser mit der Leitung/dem Träger/der Gemeinde anzugehen! Trauen Sie sich, das Thema auch aktiv mit den Kindern zu erforschen! Impulse, Tipps und konkrete Ideen dazu liefert Ihnen dieses Heft.

In diesem Heft: Mit dem Müll fängt alles an und hört alles auf

... geht es genau um das freundliche Hinschauen und Hinfühlen. Am greifbarsten wird der gesamte Themenkomplex für Kinder vielleicht am Thema „Müll", das darum in diesem Heft den Schwerpunkt bildet. Und wie funktioniert das genau? Indem Sie mit den Kindern ganz einfach einmal den eigenen Müll, den Kita-Müll, unter die Lupe nehmen – und Ihr eigenes Nachhaltigkeitsprojekt entstehen lassen. Wer in Zukunft beispielsweise Kunststoffmüll reduzieren will, der muss erst wissen, wie sich Plastik anfühlt und warum zu viel Plastik in der Regel nicht nachhaltig ist. Der muss Einblick erhalten in das, was die Wissenschaftler „Kreisläufe" nennen: Müllkreisläufe, Energiekreisläufe, Nahrungskreisläufe. Der darf erkennen, dass alles miteinander verbunden ist und zusammenhängt und dass darum eine Aktion eine ganze Reihe von Nachfolgeaktionen in Gang setzt. Und darum ist es beispielsweise auch nicht sinnlos, weniger PET-Einweg-Flaschen zu kaufen oder nur wenig Fleisch zu essen, denn auch schon eine kleine Entscheidung kann weitreichende Folgen haben. Darum macht es Spaß, als Abfalldetektive in der Kita-Küche für mehr Weiterverwendung von Lebensmittelresten zu sorgen (unter Beachtung der Hygienebestimmungen der Kita). Und darum macht es den Kindern beim nächsten Einkauf im Supermarkt Spaß, wenn sie ihre Eltern bei Kaufentscheidungen mit ihrem Wissen beeindrucken können.

Experimentier-Werkstatt Müll

Obstschalen, Verpackungen, ausgediente Elektrogeräte, kaputtes Spielzeug, Essensreste: 455 kg Müll wirft jeder durchschnittlich im Jahr über den Hausmüll weg. Auf den folgenden Seiten finden Sie Ideen und Experimente, mit denen Kinder verstehen lernen, was Müll ist und warum zu viel Müll unseren Planeten krank macht.

Unser Müll in Zahlen ...

... UND WAS DAS ALLES MIT EINEM GRIZZLYBÄREN ZU TUN HAT

Wo auch immer etwas hergestellt oder zubereitet wird, fallen Reste an: Müll, Abfall oder auch Kehricht genannt. Aber Abfall ist nicht gleich Abfall. 842 Abfallsorten unterscheidet die sogenannte *Abfallverzeichnis-Verordnung (AVV)*. Zum Abfall zählen beispielsweise auch spezielle Abfallsorten wie Abfälle aus Krankenhäusern, atomarer Müll, Müll von Baustellen oder aus der Industrie (etwa Schlachtabfälle oder Produktionsabfälle).

- 417,2 Mio.* Tonnen Abfall produzieren die Deutschen im Jahr,
- davon ungefähr 40 Mio. Tonnen Hausmüll.
- Jeder von uns wirft im Jahr etwa 455 kg Müll über den Hausmüll weg (das Gewicht eines mittelschweren Grizzlybären). Der Müll einer vierköpfigen Familie wiegt schon so viel wie ein richtig großes Auto.

Was passiert mit dem ganzen Müll?

Toll ist: Ein Großteil davon, etwa 81 %, wird energetisch oder stofflich verwertet, also recycelt (70 %) oder zur Energiegewinnung verwendet (11,1 %). Die schlechte Nachricht: Jährlich steigt die anfallende Müllmenge und die Entsorgung erfolgt nicht immer korrekt.

Was passiert mit unserem Hausmüll?

Bioabfälle aus der grünen oder braunen Tonne (88 Mio. Tonnen pro Jahr, Tendenz steigend) kommen entweder in eine Kompostierungsanlage – eine Art riesiger Komposthaufen (vgl. Seite 40) – oder in die Biogasanlage, wo aus dem vergorenen Müll Methan entsteht, das als Erdgas oder für Blockheizkraftwerke verwendet wird.

Restmüll aus der schwarzen oder grauen Tonne wird in der Müllverbrennungsanlage verbrannt. Die dabei erzeugte Energie wird in Strom umgewandelt oder als Fernwärme genutzt. Die übrig gebliebene Schlacke wird dann trotzdem auf Deponien endgelagert und bei allen Prozessen wird CO_2 frei, das das Klima weiter belastet.

Verpackungen aus dem gelben Sack oder der gelben Tonne (über eine Mio. Tonnen pro Jahr, Tendenz steigend) sind gar nicht so einfach zu recyceln. Das erschweren die vielen verschiedenen Verpackungsarten und manchmal auch das Design der Verpackungen.

Quellen

www.bmu.de/themen/wasser-abfall-boden/abfallwirtschaft/abfallarten-abfallstroeme/

www.nabu.de/umwelt-und-ressourcen/abfall-und-recycling/recycling/21113.html

*alle Zahlen von 2018

Altpapier

Mit einer Recyclingquote von 85 % sind Papier, Karton und Pappe zwar gut wiederzuverwerten, aber durch den zunehmenden Onlinehandel nimmt der Pappeberg rasant zu. Recyclingpapier, -pappe, -karton sind laut Ökobilanz von *BMU (Bundesministerium für Umwelt, Naturschutz und nukleare Sicherheit)* und *UBA (Umweltbundesamt)* wirklich besser als Papier auf Frischfaserbasis, denn sie verursachen viel geringere Umweltbelastungen – und dürfen daher das Umweltzeichen „Blauer Engel" tragen.

Wohin kommt der Müll aus dem gelben Sack

Den Anfang macht eine Sortieranlage: Metallhaltiges beispielsweise kann relativ unproblematisch zu Stahl oder Aluminiumbarren recycelt werden. Alles, was aus Kunststoff ist, wird noch einmal sortiert, denn Plastik ist nicht gleich Plastik. PE, PET oder Verbundstoffe aus Plastik, Papier und Aluminium können dazu noch bestimmte Farbstoffe, Weichmacher oder Stabilisatoren enthalten, die Einsatzmöglichkeiten im Recycling stark begrenzen. Je einheitlicher eine Verpackung ist, desto besser kann sie recycelt werden. Sie können nämlich schnell erkannt, sortiert und dann zu Granulat verarbeitet werden, das in neuen Produkten eingesetzt werden kann. Aber auch das ist nicht wirklich nachhaltig. Denn beim Umwandeln entstehen aus den gewonnenen Stoffen meist minderwertigere Stoffe, was man Downcycling nennt. Das RAL-Gütezeichen Recycling-Kunststoff kennzeichnet Produkte, die aus Post-Consumer-Rezyklat bestehen, und nennt auch den prozentualen Anteil des Rezyklats im Produkt/in der Verpackung.

Was braucht wie lange?

WELCHE ABFÄLLE VERGEHEN VON SELBST?

ab 3 Jahren

In diesem Experiment, das über einige Wochen laufen kann, erfahren die Kinder, was schnell vergeht und was noch lange braucht, um zu „verschwinden“ und darum als Müll sehr bedenklich ist. Plastik beispielsweise vergeht nicht von selbst – oder nur sehr, sehr langsam …

Das brauchen Sie (in Auswahl)

- **1 Blatt Papier (beispielsweise Recyclingpapier)**
- **1 Blatt von einem Baum, etwas verwelkt**
- **1 PET-Flasche ohne Pfand**
- **1 Plastiktüte**
- **1 Stück Apfel (Kerngehäuse oder Schale)**
- **1 Stück Gemüse oder Gemüseschale**
- **1 kleine Glasflasche**
- **1 Stück Alufolie**
- **Taschentuch aus Papier (recycelt)**
- **Taschentuch aus Papier (nicht recycelt)**
- **Kleine Schaufeln**
- **Holzspieß**
- **Zettel**

Der Versuch beginnt

Gemeinsam mit den Kindern graben Sie im Garten der Einrichtung ein großes Loch. Dazu können Sie sich auch Hilfe holen, etwa die Eltern mit Spitzhacken und Spaten ausrüsten. Das Loch sollte nicht allzu tief sein, sodass die Kinder es nach einiger Zeit auch wieder aufgraben können. Der Ort sollte etwas abseits liegen. In das ausgehobene Loch legen die Kinder verschiedene Abfälle, etwa ein Apfelgehäuse, eine kleine Glasflasche, ein Stückchen Alufolie usw. Dabei können Sie sich an den aufgezählten Materialien oben orientieren. Nach sechs bis acht Wochen graben Sie gemeinsam das Loch wieder auf und gucken nach, was aus dem Material geworden ist.

Das gibt's zu bestaunen

Die Obst- oder Gemüsereste sind ganz oder fast ganz verschwunden (Orangen- und Bananenschalen brauchen allerdings einige Monate bis zu zwei Jahren), das Papiertaschentuch kann je nach Hersteller ebenfalls abgebaut worden sein. Das welke Blatt kann von Regenwürmern verspeist worden sein. Alles andere sollte noch zu finden und vollkommen intakt sein.

Das ist die Erklärung

Warum verschwinden manche Abfälle in der Natur von selbst und andere nicht? Die Antwort ist: Organische Substanzen (alles, was einmal „gelebt“ hat oder von lebenden Organismen kommt) lösen sich natürlicherweise durch Verwesung, Welken und andere Zerfallsprozesse auf. Dabei helfen die kleinen und großen Lebewesen im Boden, beispielsweise der Regenwurm, aber auch Ameisen, Maden und kleine Krabbeltierchen, die wir mit dem blo-

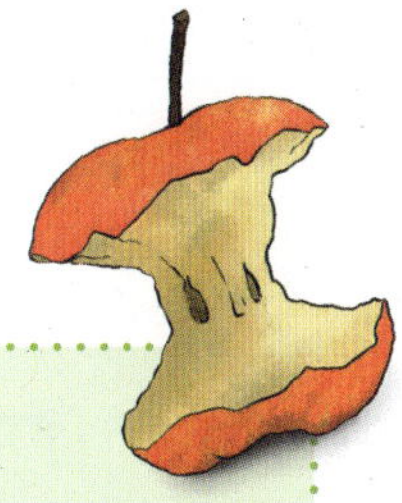

Was braucht wie lange?

Apfel-Kerngehäuse	6 bis 8 Wochen
Zitrusfruchtschalen	2 Jahre
Sperrholz	3 Jahre
Papiertaschentuch	2 Monate bis 5 Jahre
Kaugummi	5 Jahre
Kleidung aus Wolle oder Baumwolle	5 Jahre
Plastiktüte	20 Jahre
Alufolie	25 Jahre
Leder	50 Jahre
Bonbonpapier mit Kunststoffanteil	80 Jahre
PET-Flasche	450 Jahre
Windel	450 Jahre
Autoreifen	2.000 Jahre
Glasflasche	50.000 Jahre

ßen Auge nicht sehen können. Alles andere überdauert und kann die Umwelt noch nach vielen Jahren belasten.

Darf man Obstabfälle einfach in die Natur werfen?

Nein. Obwohl diese Abfälle natürlich abgebaut werden, können sie Giftstoffe enthalten (etwa Gifte in Spritzmitteln), die mit der Zeit ins Grundwasser gelangen können. Sie hindern außerdem Pflanzen im Wald beim Wachsen und können stinken.

Rechenaufgabe für die Baldschulkinder

Wenn die Kinder schon längst in der Schule sind und die Kita einmal wieder besuchen kommen: Was könnte inzwischen vergangen sein?

Das können Sie und die Kinder beachten

Vermeiden Sie Kunststoffmüll. Kaufen Sie beispielsweise auf dem Markt oder in Unverpacktläden ein und achten Sie beim Einkauf von Reinigungsmitteln darauf, ob die Plastikflaschen aus recyceltem oder recyclingfähigem Material hergestellt sind.

Der Plastikstrumpf

MIKROPLASTIK SICHTBAR MACHEN

In meiner Flüssigseife soll Plastik sein? Das glauben die Kinder nicht? Microbeads und Polyethylen(e): Manche Kosmetika (etwa Duschgels oder Peelings) enthalten die Miniplastikbestandteile noch immer. 2019 waren es ungefähr 299 Mio. Tonnen (nur in Deutschland). Über das Abwasser gelangen die Miniplastikteilchen in die Flüsse und Meere. Dort sterben Fische und andere Meerestiere daran – und wir Menschen nehmen die Kügelchen mit Fischgerichten ebenfalls in uns auf.

ab 3 Jahren

Das brauchen Sie

- Spielzeug aus Kunststoff/Plastik
- Verschließbare Flasche, etwa von Mineralwasser
- Duschgel oder Peeling mit Microbeads
- Nylonstrumpf
- Becher

Wissen für die pädagogische Fachkraft

Mikroplastik in der Umwelt

Unsere Ozeane kommen mit der Plastikmüllflut nicht mehr zurecht. Ganze Müllinseln, genannt Plastic Islands, schwimmen in der Größe von Ländern in ihnen umher. Aber nicht nur die großen Plastikteile sind eine Belastung, auch die winzigen Partikelchen, genannt **Mikroplastik**, sind gefährlich. Mikroplastik gelangt außer durch Kosmetika auch durch Reifenabrieb und beim Waschen von synthetischen Textilien (z. B. Fleecekleidung) durch Waschmaschinenabwasser ins Meer. Zusätzlich entsteht es, wenn größere Kunststoffstücke zerrieben werden oder durch Abrieb und Meerwassereinwirkung zerkleinert werden.

Außer in Flüssen und Meeren finden Wissenschaftler Mikroplastik inzwischen auch im Boden, etwa im Ackerboden, in der Luft und sogar im Eis der Arktis. Da Mikroplastik viele giftige Stoffe wie Weichmacher (Phthalate) enthält und weitere giftige Stoffe an sich binden kann, steht sie im Verdacht, krebserregend zu sein und hormonell zu wirken. Dazu kommt, dass sich auch Keime oder Bakterien anbinden und so beispielsweise antibiotikaresistente Bakterienstämme entstehen können.

Quelle

www.zentrum-der-gesundheit.de/mikroplastik-im-meer-gefahr-fuer-die-gesundheit-811209

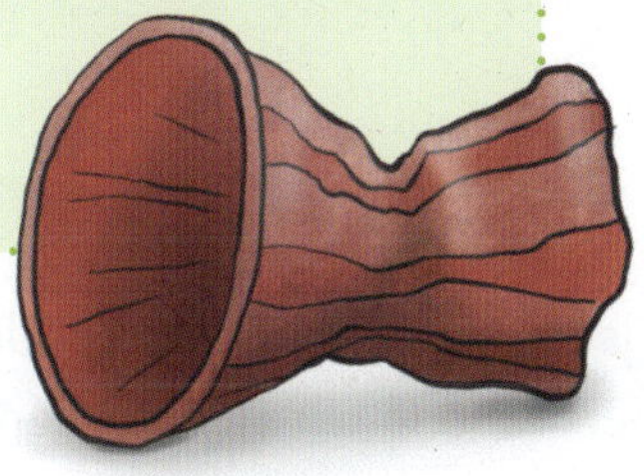

Der Versuch beginnt

Die Kinder befühlen das Spielzeug aus Plastik/Kunststoff. Wie fühlt sich das an? Viele Dinge unseres täglichen Lebens bestehen daraus. Können sich die Kinder vorstellen, dass ganz kleine Plastikteilchen auch in Zahnpasta und Duschgel enthalten sind? Wie könnte man das herausfinden? Genau, indem man sich z. B. ein Duschgel einmal ganz genau ansieht: Die Kinder drücken das Duschgel oder Peeling aus der Verpackung in die leere Wasserflasche. Alles mit Wasser auffüllen und schütteln, damit sich alles miteinander verbindet. Die Flüssigkeit nun über einem Waschbecken in einen Nylonstrumpf gießen.

Das gibt's zu bestaunen

Vielleicht müssen Sie den Strumpf noch etwas ausspülen. Alternativ können Sie den Strumpf auch über den Becher ziehen und die Flüssigkeit darauf gießen. Auf dem Strumpf zurück bleiben die kleinen Mikroplastikkügelchen.

Das ist die Erklärung

Im Versuch passiert das Gleiche wie später im Abwasser und in den Gewässern. Die winzigen Kügelchen bleiben durch Zerfall und Abrieb übrig. Sie sind aus Plastik und zersetzen sich über viele Jahrzehnte hinweg nicht. So treiben sie im Wasser und gelangen in die Körper von

Woraus besteht Plastik?

Das, was wir umgangssprachlich als Plastik bezeichnen, heißt eigentlich **polymere Kunststoffe**, weil diese Stoffe aus mehreren (poly-) Stoffen durch ein besonderes Verfahren, genannt Polymerisation, hergestellt wurden. Dazu braucht man Kohlenstoff, Sauerstoff und Stickstoff – und eine ganze Reihe weiterer chemischer Stoffe, die der jeweiligen Kunststoffsorte ihre spezifischen Eigenschaften verleihen wie Weichmacher (Phthalate), die im Verdacht stehen, krebserregend zu sein. Jährlich werden etwa 380 Mio. Tonnen Plastik hergestellt (Zahl von 2018!), Tendenz steigend.

Schmelzbar und darum bei Hitze verformbar sind **Thermoplaste** (Plastomere), wie Polyethylen (PE), Polyamid (PA, in vielen Kleidern/Textilien) und Polyvenylchlorid (PVC). Nylon, Polyester und Silikone sind dagegen sogenannte Elastomere, weil sie elastisch sind. Duroplaste sind dauerhaft fest (etwa Kunstharz).

Manche Plastikarten, vor allem **Duroplaste** (Gehäuse von Elektrogeräten), ließen sich bis vor Kurzem kaum recyceln und galten lange als besonders umweltschädlich. Aber auch die recycelbaren Kunststoffe werden nur in sehr geringem Maße weiterverwendet. Viele Plastikabfälle werden noch immer einfach vergraben und zugeschüttet, in andere Länder transportiert (wo das Problem natürlich weiterbesteht) oder klimaschädlich verbrannt.

Fischen, Muscheln und anderen Wasserbewohnern. Wenn wir Fisch essen, gelangen sie auch in unseren Körper, was zu Erkrankungen führen kann (vgl. Kasten Seite 13).

Wo Mikroplastik noch enthalten ist

Fußpeelings, Waschlotionen, Zahnpasta mit Schleifeffekt enthalten ebenfalls möglicherweise Mikroplastik, und auch in Lippenstiften können die Minikörnchen stecken. Gucken Sie auf der Zutatenliste nach: Polyethylen/e

Das können Sie mit den Kindern beachten

Kaufen Sie Kosmetika (Zahncremes, Handwaschlotionen, ...) ohne Mikroplastik. Dazu können Sie beispielsweise Apps wie *CodeCheck* nutzen oder sich beim *NABU (Naturschutzbund)* oder im Internet informieren. Dort finden Sie auch Listen mit verdächtigen Kunststoffen in Kosmetika. Oder Sie kaufen zertifizierte Biokosmetik ein.

Aus was ist das?

EINE FÜHL-MAL-SAFARI

ab 3 Jahren

Müll ist nicht gleich Müll. Es gibt Müll, der dem Klima und der Welt wenig ausmacht, etwa Reste von Obst und Gemüse oder Papiermüll. Denn er vergeht und verschwindet nach einiger Zeit von selbst. Es gibt aber auch Müll, der einfach nicht mehr weggeht: Plastikmüll. Was Plastik überhaupt ist, das finden die Kinder in dieser Fühlreise heraus.

Das brauchen Sie

- **1 Holzbaustein**
- **1 Baustein aus Kunststoff/Plastik**
- **1 Kuscheltier aus Stoff/Plüsch**
- **1 Spielzeugtier aus Kunststoff**
- **1 kleine, stabile Glasflasche**
- **1 kleine Flasche aus PET oder einem anderen Kunststoff**
- **1 Korb aus Bast**
- **1 Schale aus Plastik/Kunststoff**
- **1 Spielkarte (Memorykarte) aus Papier oder Pappe**
- **1 ausrangierte/abgelaufene Bank-, Kredit- oder Einkaufskarte aus Kunststoff**
- **Schlüssel oder Schlüsselbund (aus Metall/Stahl)**
- **Essbestecke aus Edelstahl**
- **Essbestecke aus Kunststoff**
- **Fleecejacke**
- **Weitere Materialien nach Ideen und Fragen der Kinder**

Tragen Sie alles Material zusammen und nehmen Sie mit den Kindern rund um Ihre Sammlung herum Platz. Die Kinder können alles in Ruhe angucken und befühlen. Wissen die Kinder, aus welchem Material die Sachen gemacht sind? Wissen sie etwa, was aus Glas ist? Was ist aus Stoff? Können die Kinder das Material dahin gehend sortieren? Schnell werden die Kinder merken: Der Berg aus Plastik ist am größten. Der Grund ist: Aus Plastik kann man fast alles herstellen. Plastik fühlt sich oft ganz glatt an, es lässt kein oder kaum Wasser durch. Und es ist schön leicht. Das sind die Vorteile. Es gibt aber auch Nachteile.

Erweitern Sie Ihre Fühlreise, indem Sie in der Kita oder im Gruppenraum oder auch an der Garderobe auf Fühlreise gehen: Was ist alles aus Plastik? Was entdecken die Kinder? Hat Plastik auch einen bestimmten Geruch? Gucken Sie auch bei der Kleidung nach: Vieles ist mit Plastik beschichtet.

Malen Sie gemeinsam ein großes Plakat, auf dem die Kinder aufmalen oder in Form von Bildern /Aufklebern aufkleben, was alles aus Plastik ist: Gummistiefel, Spielzeug, Teller, Becher und Bestecke, Matschhosen, Sandkastenspielzeug, manche Teppiche und andere Bodenbeläge, Tischdecken, Gehäuse von Elektrogeräten und vieles, vieles mehr.

Warum stinkt es in der Biotonne?

EIN EXPERIMENT MIT „BIOGAS“

Puh, das stinkt! Lassen Sie die Kinder doch mal (kurz!) an der Biotonne riechen. Warum mieft der Müll in der grünen Tonne denn bloß so? Dieses Experiment erklärt, warum, und was man mit dem Gestank anfangen kann.

ab 4 Jahren

Das brauchen Sie

- **3 größere Glasflaschen (Weißglas!, 0,75 oder 1 l Fassungsvermögen)**
- **6 Esslöffel Komposterde von einem Komposthaufen (Achtung: keine gekaufte Komposterde verwenden, denn ihr fehlen die Bodenorganismen)**
- **Brühwürfel (Fertigprodukt, Würzmittel, mit Hefe!)**
- **Etwas Wasser**
- **Trichter**
- **Obst**
- **Etwas Brot**
- **Weitere Küchenabfälle nach Möglichkeit**
- **Luftballons**
- **Kinderküchenmesser**
- **Schneidebrettchen**

Der Versuch beginnt

Stellen Sie alle Materialien bereit. Die Kinder zerschneiden auf ihren Brettchen Obst oder Obstreste (hier ist Naschen erlaubt) und andere Abfälle, die normalerweise in die Biotonne wandern würden: Brotreste, welke Blüten oder Blumen, Küchenabfälle, möglichst klein. Auch Reste von Fleisch, Frittiertem und Butter können mit in die Flaschen wandern. Alle Stückchen geben die Kinder durch den Trichter in die Flaschen. Die Flaschen so zu etwa drei Vierteln befüllen. Nun noch pro Flasche einen Brühwürfel (um Schimmel zu vermeiden und als Mineralgrundlage für die Bakterien) und 2 Esslöffel Komposterde einfüllen. Nun mit Wasser auffüllen, bis die Reste in der Flasche bedeckt sind. Nach oben sollten noch etwa 5 cm „Luft“ bleiben. Die Verschlüsse der Flaschen zuschrauben und alles durcheinanderschütteln. Die Luftballons ein- oder zweimal aufpusten und immer wieder die Luft heraustreten lassen, damit das Material etwas geschmeidiger wird. Die Verschlüsse von den Flaschen abnehmen und die Luftballons über die Flaschenköpfe ziehen.

Das gibt's zu bestaunen

Jeden Tag beobachten die Kinder nun ihre Flaschen. Die Ballons auf den Flaschen werden dicker und „pusten sich von selbst auf“.

Das ist die Erklärung

In der Flasche findet das Gleiche statt wie in der Biotonne: Bakterien und andere winzige

Lebewesen lassen sich die Abfälle schmecken und zersetzen die Reste in der Flasche. Dabei wird Luft frei, die ziemlich stinken kann. Der Grund ist, dass diese Luft Methan enthält. Aus dem Methan kann man Biogas gewinnen. Die Stinkerei ist also gut und kann sogar sehr nützlich sein. Denn Müll zu vermeiden oder aus Müll Nützliches herzustellen, ist nachhaltig. Die Wissenschaft spricht von Müllkreisläufen. Fragen Sie die Kinder, wie man das Methan zu sehen, hören oder zu riechen bekommen könnte – mit einer Nadel in den Ballon stechen und herausfinden, was passiert?

Für Mutige

Falls unter Beachtung der Sicherheitsbestimmung Ihrer Kita möglich, können Sie diesen Versuch, am besten im Freien, ausprobieren: Dazu müssen die Kinder etwas Abstand nehmen und Sie, ganz wichtig, für alle Fälle einen Eimer Wasser bereitstellen: Zünden Sie eine Kerze an und stechen Sie ein Loch in den Ballon. Halten Sie kurz (!) und mit Abstand (!) die brennende Kerze in den Luftzug aus dem Ballon. Je nach Art Ihres Gases könnte die Flamme aufflackern (Achtung!) oder sogar sehr stark werden!

Falls die Ballons nicht größer werden

Auch das ist je nach Art Ihrer eingefüllten Abfälle möglich. Auch groß werden und wieder zusammenfallen könnten die Ballons. Für viel Methan sorgen Abfälle mit viel Fett oder Eiweiß und viel gutem Kompost!

Tipp

Legen Sie doch einen eigenen Komposthaufen im Kita-Garten an (vgl. Seite 40). Noch besser ist es, einfach möglichst wenig wegzuwerfen (vgl. Seite 50), denn Methan ist in größeren Mengen klimaschädlich. Es entsteht außer durch Biomüll auch durch die Viehhaltung und die Ausscheidungen der Tiere.

Ein Tag ohne Plastik

IDEEN FÜR EIN SPANNENDES EXPERIMENT

Kunststoff ist ein fest integrierter Bestandteil unseres täglichen Lebens. Ist es überhaupt noch möglich, auf Plastik zu verzichten? Bei diesem Experiment lernen die Kinder Alternativen zu den bisher gewohnten Alltagsdingen kennen.

ab 1 Jahren

Morgens zu Hause

- Zahnbürste aus Bambus
- Seife statt Duschgel
- Haarseife statt Shampoo
- Brotbox aus Metall, Glas oder Holz
- Ideen für ein Zero-Waste-Frühstück finden Sie in dieser Ausgabe auf Seite 60.

In der Kita

- Buntstifte aus Holz
- Wasserfarben selber machen
- Malpapier mit Blauem Umweltengel oder FSC-Siegel
- Spielfiguren, Tiere, Eisenbahn aus Holz
- Selbst gemachte Puppen aus alter Kleidung
- Einmach- und Schraubgläser für Kleinkram
- Geschirr aus Keramik, Glas, Holz, Bambus, Metall oder Kautschuk
- Quell-, Leitungswasser, frisch aufgebrühter Kräuter- und Früchtetee

Beim Einkaufen

- Einkaufstasche aus Baumwolle
- Frische Produkte wie Obst, Gemüse, Brot und Käse lose auf dem Wochenmarkt, beim Gemüsehändler, im Reformhaus, Unverpackt- oder Bioladen kaufen
- Lebensmittel in mitgebrachte Baumwollbeutel, Metall- und Glasbehälter oder in Papier bzw. Papiertüte einpacken lassen
- Wasser und Saft in (Mehrweg-)Glasflaschen
- Milchprodukte im (Mehrweg-)Glas kaufen und auf Bioqualität achten
- Gemüsekisten beim regionalen Ökobauern bestellen

Tipp

Nehmen Sie sich nicht zu viel auf einmal vor, wenn Sie langfristig umstellen möchten. Schritt für Schritt gelingt die Integration neuer Dinge und Gewohnheiten leichter und ist Erfolg versprechender!

Erfinder-labor

Nachhaltig ist es, wenig einzukaufen und auf diese Weise auch wenig Verpackungsmüll zu produzieren. Selber machen ist hier die Devise. Nachhaltig bedeutet aber auch, Ausrangiertes, Ungeliebtes oder Restchen weiterzuverwerten, die als Do-it-yourself-Ideen in der Kita zum Einsatz kommen können. Bei alldem hilft es auch, wenn die Kinder sich ein eigenes Müllkonzept erarbeiten – etwa mit Müllaufklebern –, natürlich ebenfalls selbst gemacht.

Recycling versus Upcycling

WAS IST DENN EIGENTLICH DER UNTERSCHIED?

Was bedeuten diese beiden Begriffe und worin unterscheiden sie sich? Klar ist, es geht bei beiden um Nachhaltigkeit und die Reduzierung des ökologischen Fußabdruckes.

Recycling

Das englische Wort setzt sich aus den lateinischen Silben *re* für „wieder" und *cyclus* für „Kreis, Kreislauf" zusammen. Übersetzt bedeutet es in etwa „wieder in den Kreislauf zurückführen". Der Begriff wird für die Wiederverwertung von Abfällen verwendet. Dieser Kreislauf aus Anwendung, Abfall und Neuverarbeitung ist keine moderne Erfindung. Schon seit Jahrtausenden wird das Material von nicht mehr brauchbaren Gegenständen zu neuen Produkten verarbeitet. Beispielsweise wurden aus nicht mehr getragenen oder verschlissenen Kleidungsstücken Textilien für Kinder genäht, Flickenteppiche und Putz- oder Topflappen hergestellt. Man kann in etwa sagen, dass es unsere heutige „Wegwerfgesellschaft" erst seit der Industrialisierung gibt. Ein Beispiel für neuzeitliches Recycling ist die Herstellung von Verpackungen, Kleidung und Spielzeug aus dem Granulat von Plastikflaschen.

Upcycling

Diese Bezeichnung bedeutet frei übersetzt, dass Gegenstände durch eine zweite Verwendung aufgewertet werden (*up* für „hoch"). Schon seit Beginn der menschlichen Evolution wurden Dinge so lange genutzt wie möglich. Unseren Großeltern war diese Vorgehensweise unter dem Begriff „Aus Alt mach Neu" bekannt. Wir sagen heute „Upcycling" dazu und aus Gegenständen, wie z. B. alten Weinkisten, wird der *Shabby-Chic*-Trend. Flaschen, Dosen und Schraubgläser finden hübsch geschmückt und bemalt ein neues Leben als Blumenvase oder Utensilo.

Ein Heim für Buntstifte

UTENSILO AUS WEISSBLECHDOSEN

ab 5 Jahren

Überall liegen sie verstreut herum: Buntstifte, Filzstifte und Pinsel, die anscheinend kein „Zuhause“ haben. Mit diesen dekorativen Stiftedosen aus recyceltem Material räumen die Kinder in Zukunft bestimmt viel lieber auf!

Das brauchen Sie

- **Saubere, von der Banderole befreite Blechdosen**
- **Bunte Servietten, Geschenkpapier- oder Stoffreste**
- **Schere**
- **Bastelkleber (eine Anleitung für einen Naturkleber finden Sie in dieser Ausgabe)**
- **Pinsel**
- **Eventuell Geschenkbandreste o. Ä.**

Decken Sie den Kreativtisch ab und stellen Sie das benötigte Material bereit. Schneiden Sie das von den Kindern ausgewählte Papier oder den Stoff entsprechend der Dosengröße zurecht. Geben Sie an je einer der breiten und schmalen Seite des Materials eine kleine Zugabe. Die Mädchen und Jungen bestreichen die Dose mit dem Kleber und legen den Stoff oder das Papier gleichmäßig drumherum. Schneiden Sie anschließend am Boden alles weg, was übersteht. Schlagen sie oben den Rest nach innen ein und kleben Sie diesen fest. Wer mag, kann seine Dose noch mit gebrauchten Geschenkbändern schmücken.

Tipp

Statt Dosen können die Kinder auch in einen hübsch beklebten Karton so viele bemalte Klopapier-Papprollen stellen, wie hineinpassen. Fertig ist die kreative Stiftebox!

Wohin kommt der Müll?

ABFALL TRENNEN LEICHT GEMACHT

Bei dieser Aktion erfahren die Kinder auf spielerische Art und Weise etwas über richtige Mülltrennung. Mit diesen selbst hergestellten Hinweisschildern landet dann nichts mehr in der falschen Abfalltonne!

ab 4 Jahren

Das brauchen Sie

- **Zeitschriften, Werbeprospekte oder Kataloge**
- **Pappkartons oder Tonpapier, eventuell in den Farben der Mülltonnen**
- **Kinderscheren**
- **Klebstoff (eine Anleitung für Naturkleber und Washi-Tape finden Sie in dieser Ausgabe auf Seite 29)**

Informieren Sie sich zunächst, welche Abfälle in welche Tonne gehören. Einen kleinen Überblick gibt der Infokasten „Was kommt in welche Tonne?“. Allerdings kann es manchmal je nach Bundesland geringfügige Unterschiede in den Verordnungen geben. Schauen Sie deshalb sicherheitshalber noch im entsprechenden Abfallratgeber der Stadt nach. Sammeln Sie mit den Kindern bunte Zeitschriften, Prospekte und Kataloge. Breiten Sie ihre „Schätze“ auf einem großen Tisch aus. Am besten gehen Sie die Artikel nach der jeweiligen Tonne durch, in der die entsprechenden Abfälle entsorgt werden müssen. Fragen Sie die Kinder zum Beispiel: „Was ist alles aus Kunststoff oder Metall?“ Die Aufgabe der Mädchen und Jungen ist es nun, aus den Zeitschriften und Prospekten Dinge auszuschneiden, die aus Kunststoff und Metall sind, etwa eine Flasche Waschmittel, ein Becher Joghurt oder eine Dose Ravioli. Diese Fundstücke werden gesammelt auf die Seite gelegt und die nächste Tonne mit ihrem Inhalt ist an der Reihe. Wenn Sie alle Abfallsorten durchgegangen sind, kleben die Kinder die verschiedenen Dinge jeweils auf ein Stück Pappkarton oder einen Bogen Tonpapier. Mit (selbst gemachtem) Kleister oder Klebestreifen werden die Collagen an den entsprechenden Mülltonnen befestigt. Diese optischen Hinweise erleichtern es den Kindern von jetzt an, ihre Abfälle in den passenden Behälter zu werfen.

Variation

Statt alles zu einer Collage zusammenzukleben, können die Kinder auch alle ausgeschnittenen Objekte einzeln an die verschiedenen Tonnen pinnen. Sie können daraus auch ein Spiel machen, in etwa „Wer hat die meisten Sachen richtig zugeordnet?“. Die falsch aufgeklebten Gegenstände müssen zum Schluss natürlich auf dem richtigen Behälter befestigt werden.

Was kommt in welche Tonne?

Graue Tonne/schwarze Tonne (Restmüll)

- Kosmetik- und Hygieneartikel
- Staubsaugerbeutel
- Verschmutztes Küchenpapier
- Gekochte Essensreste
- Kehricht + Zigarettenkippen
- Tierstreu
- Tapeten- und Kerzenreste
- Kleine Mengen Geschirr + Besteck
- Töpfe + Schüsseln
- Kaputte Kleidung, Schuhe + Accessoires

Gelbe/orangefarbene Tonne/gelbe Säcke

- Kunststoffverpackungen + Plastikbeutel
- Frischhalte- und Alufolie
- Einweg-Plastikflaschen
- Metalldosen + Kronkorken
- Styropor

Blaue Tonne/grüne Tonne (Altpapier)

- Papier + Pappe
- Zeitungen, Zeitschriften + Bücher
- Prospekte + Kataloge
- Kartons

Braune Tonne/grüne Tonne (Biomüll)

- Gartenabfälle
- Pflanzen + Blumenerde
- Obst- und Gemüsereste
- Tee- und Kaffeefilter
- Eierschalen
- Ungekochte Essensreste
- Papier zum Einwickeln der Speisereste

Altglascontainer

- Grünes, weißes (durchsichtiges) und braunes Altglas (Glasbehälter und -flaschen)

Simsalabim: Du bist nicht hin!

KUSCHELKISSEN AUS ALTEN KLEIDERN

Kinder wachsen schnell aus ihrer Kleidung heraus und müssen sich oft von Lieblingsstücken trennen. Bevor nun aber alles in der Altkleidersammlung landet, könnten sich schöne Röcke oder lustige T-Shirts auch in Kuschelkissen verwandeln! Bei dieser kleinen Näh-Aktion schulen die Kinder ihre feinmotorischen Fähigkeiten und erwerben Grundkenntnisse im Schneiderhandwerk.

Das brauchen Sie:

- **Ausrangierte Kleidung**
- **Schere**
- **Stecknadeln**
- **Baumwollnähgarn**
- **Nähnadeln mit größerem Ohr**
- **Füllmaterial (Stoff- oder Wollreste)**

Schneiden Sie aus dem Kleiderstoff je Kissen zwei gleich große viereckige Stücke aus und legen Sie diese mit den Außenseiten aufeinander. Stecken Sie die beiden Stoffteile mit Stecknadeln fest, damit später beim Nähen nichts verrutschen kann. Die Kinder können hier auch unter Aufsicht dabei helfen. Fädeln Sie für jedes teilnehmende Kind Nähgarn in eine Nadel. Zeigen Sie den Mädchen und Jungen an einem Beispiel, wie ein einfacher Steppstich ausgeführt wird. Anleitungen dafür finden Sie im Internet. Die Kinder nähen nun mit etwa ein bis zwei Zentimetern Abstand zum Rand rund um das Kissen. Eine kleine Öffnung von etwa vier Zentimetern sollte offen bleiben, damit das Kissen gefüllt werden kann. Anschließend wird das Kissen auf rechts gedreht und mit dem Füllmaterial so dicht ausgestopft, wie es für das Kind angenehm zum späteren Kuscheln ist. Die Öffnung wird mit einem Steppstich oder einer Zaubernaht verschlossen.

Was passiert eigentlich mit all der weggeworfenen Kleidung?

Mehr als 1 Mio. Tonnen Kleidung wird in Deutschland jährlich entsorgt – diese Menge würde etwa 62 000 Lkws füllen! Meist werden die Textilien in Altkleidercontainer gegeben, weil viele Menschen hier eine Sammlung für karitative Zwecke vermuten. Doch nur Institutionen wie das *Deutsche Rote Kreuz*, die Arbeiterwohlfahrt und kirchliche Einrichtungen spenden Kleidung an Bedürftige. Andere Organisationen sammeln die von uns ausrangierten Teile, um sie an Textilhändler oder -recyclingbetriebe weiterzuverkaufen. In Prozenten ausgedrückt kann man sagen, dass etwa 10 % der Kleidung an Hilfsprojekte gehen, 40 % in Second-Hand-Läden landen und der Rest recycelt oder verbrannt wird. Wenn Sie sichergehen wollen, dass Ihre gespendete Kleidung auch einem guten Zweck zukommt, können Sie sich beim Dachverband *FairWertung e. V.* oder beim *Bundesverband Sekundärrohstoffe und Entsorgung* erkundigen. Auch entsprechende Siegel auf den Containern geben Auskunft.

Tipps:

- Kleidung, die nicht mehr benötigt wird, verschenken, tauschen oder verkaufen.
- Textilien für Bastelarbeiten nutzen oder als Putzlappen verwenden.
- Statt Neues zu kaufen, in Kleidertauschbörsen oder Second-Hand-Läden umsehen.
- Kaputte Kleidung flicken.
- Lieber weniger, dafür aber hochwertige und sortenreine (aus einem Material bestehende) Textilien zulegen: Sie halten länger und lassen sich am Ende leichter recyceln.
- Polyester meiden: Für die Herstellung dieser Faser ist Erdöl nötig und bei jeder Wäsche landen umweltschädliche Mikroplastikteilchen im Wasser

Dufte Seife

SAUBER UND UMWELTFREUNDLICH WASCHEN

Seifenspender aus Kunststoff sind praktisch und auf den ersten Blick eine „saubere“ Lösung. Sie produzieren jedoch, wie andere Plastikprodukte auch, unnötigen, umweltschädlichen Müll. Warum also nicht wieder zum alten Klassiker, der Stückseife, greifen! Vor dem Kauf sind jedoch einige Punkte zu beachten, damit nicht an anderer Stelle klimaschädliche Produktionsweisen unterstützt werden. Doch auch die bereits vorhandenen Seifenspender können weiter genutzt und mit eigener Seife befüllt werden. Das nachfolgende Rezept kommt mit wenigen Zutaten aus und ist kinderleicht herzustellen.

Das brauchen Sie:

- **Leerer Seifenspender zum Aufschrauben**
- **Etwa 50 g Stückseife (entweder Reste verwerten oder palmölfreie Bioseife verwenden)**
- **½ Liter Wasser**
- **1 Spritzer Zitronensaft**
- **1 Teelöffel flüssiges Kokosöl**
- **5–10 Tropfen naturreines Lavendelöl**

ab 5 Jahren

Die Seife wird zunächst mit einer Haushaltsreibe fein geraspelt. Unter Aufsicht können sich die Kinder hier abwechseln. Die Seifenraspeln mit dem Wasser in einem Topf zum Kochen bringen. Währenddessen muss der Sud ständig umgerührt werden. Wenn sich alles zu einer glatten Masse verflüssigt hat, kann die Flüssigseife vom Herd genommen werden. Alles gut verrühren und abkühlen lassen. Bis zum Einfüllen in den Spender sollte die Seife etwa einen halben bis einen Tag ruhen. Zwischenzeitlich immer mal wieder durchrühren. Wenn die Seife cremig ist, Zitronensaft, Kokos- und Lavendelöl mit einem elektrischen Handrührgerät daruntermixen. Nun kann die Flüssigseife in den vorbereiteten Seifenspender umgefüllt werden. Die Haltbarkeit ist im Vergleich zu gekaufter Seife geringer. Je kühler der Ort, an dem sie aufbewahrt wird, desto länger wird sie halten. Zitronensaft und Lavendelöl wirken gegen Bakterien und Schimmel, die sich in der Flüssigseife ansiedeln könnten, und verlängern ein wenig die Haltbarkeit. Am besten immer nur kleine Mengen herstellen, die innerhalb von zwei bis vier Wochen aufgebraucht werden können.

Tipps

Achten Sie beim Einkauf von umweltfreundlichen Naturseifen auf folgende Kriterien:

- Keine Plastikverpackung
- Ohne Palmöl
- Ohne schädliche Inhaltsstoffe (z. B. Parfum, Fragrance, Paraben, PEG, Aluminium, Polymer)
- Ohne Erdölbestandteile (z. B. Paraffin, Mineralöl, Petrolatum, Ceresin/Cera, Vaseline)
- Öle aus kontrolliert-biologischem Anbau
- Große Hersteller haben ein Naturkosmetik-Siegel: NaTrue oder BDIH
- Kleine Manufakturen haben meist kein Siegel: Hier am besten nachfragen oder auf Informationen zu den Produkten achten.

Stückseifen sind außer im Onlinehandel (siehe auch Links am Ende dieser Ausgabe) auch in Unverpacktläden, Reformhäusern, Bio- und Weltläden erhältlich.

Statt Shampoo und Duschgel in der Plastikflasche feste Haar- und Duschseifen verwenden. Sie sind vielleicht etwas teurer in der Anschaffung, jedoch sparsam in der Anwendung. Am besten immer ein kleines Stück abschneiden. Das ist handlicher, besonders auch für Kinder, und die Seife hält länger. Nach dem Gebrauch in einer Seifenschale aus Stein oder Keramik gut abtropfen lassen.

Quellen

utopia.de/ratgeber/die-schlimmsten-inhaltsstoffe-in-kosmetik

www.codecheck.info

Duftknete

EIN SPIELZEUGKLASSIKER, NACHHALTIG UND DE LUXE

Spielen mit allen Sinnen – das ist bei Kindern sowieso selbstverständlich! Ein weiteres Sinnesorgan kommt hinzu, wenn Sie in selbst hergestellte Knete naturreine ätherische Öle mit hineingeben. Lassen Sie die Kinder doch entscheiden, welcher Duft zu welcher Farbe passen könnte!

Das brauchen Sie

- **3 Tassen Mehl**
- **1 Tasse Salz**
- **3 Esslöffel ölsäurereiches (high oleic) Speiseöl (wird nicht so schnell ranzig)**
- **1–2 Esslöffel Zitronensäure oder Zitronensaftkonzentrat**
- **2 Tassen kochendes Wasser**
- **Naturreine Duftöle**
- **Flüssige Lebensmittelfarbe oder vorher nach Packungsangabe angerührte Lebensmittelfarbe**

Die Kinder vermischen Mehl mit Salz in einer großen Schüssel. Gießen Sie anschließend das kochende Wasser hinzu und mixen alles mit einem Handrührgerät zu einem geschmeidigen Teig. Öl und Zitronensäure oder -saftkonzentrat hinzugeben und gut in die Mischung einarbeiten. Sollte die Masse noch zu klebrig sein, etwas mehr Mehl hinzugeben. Wenn sie zu trocken ist, vorsichtig noch etwas kochendes Wasser zufügen. Den Teig etwas abkühlen lassen und in Portionen teilen. Jeweils ein anderes Duftöl und/oder ein wenig flüssige Lebensmittelfarbe hinzugeben und vermischen.

Tipp

Schön ist es, wenn der Duft zur Farbe passt, z. B. Rosenöl und Rosa, Fichtenöl und Grün, Orangenöl und Orange, Zitronenöl und Gelb. Fragen Sie die Kinder, welche Düfte sie welchen Farben zuordnen würden! Passend dazu können Sie die Mädchen und Jungen vor dem Herstellen der Knete zu einer kleinen Schnupperrunde einladen.

Ruck-Zuck-Kleister

UNSER KLEBSTOFF IST SELBST GEMACHT

Die Tube ist leer und dabei müsste noch dringend das eine oder andere aufgeklebt werden? Kein Problem! In Nullkommanix ist eine Klebstoffalternative hergestellt, die zudem ungiftig und umweltbewusst ist!

Das brauchen Sie

- **4 Esslöffel Mehl**
- **1 Tasse kaltes Wasser**
- **2 Tassen heißes Wasser**
- **2 Esslöffel Zucker**

ab 5 Jahren

Die Kinder verrühren das Mehl mit kaltem Wasser in einem Topf. Fügen Sie nun das heiße Wasser hinzu und erhitzen die Mischung auf dem Herd. Die Kinder rühren das Ganze so lange mit einem Kochlöffel um, bis eine streichfähige Masse entsteht. Den Zucker anschließend in dem Mehlmix auflösen und abkühlen lassen. Der Naturkleber sollte am besten so heiß wie möglich in vorbereitete Schraubgläser gefüllt und verschlossen werden. Nach dem Abkühlen bis zum Einsatz im Kühlschrank aufbewahren. Zur Verwendung wird der Kleister einfach mit einem Pinsel auf die zu beklebende Fläche dünn aufgetragen.

Tipp

Die Mischung lässt sich auch prima für einen alternativen Klebefilm gebrauchen! Dafür bestreichen die Kinder Papierstreifen mit dem Kleister und lassen diese trocknen. Für buntes Washi-Tape einfach Geschenkpapierreste verwenden. Bis zum Gebrauch am besten in einem verschlossenen Behälter aufbewahren. Wenn die getrocknete Klebeseite der Streifen angefeuchtet wird, sind sie einsatzbereit!

Uns geht ein Licht auf

KERZEN GIESSEN AUS RESTEN

Fast alle im Handel erhältlichen Kerzen bestehen aus sehr umweltschädlichem Material wie Palm- oder Erdöl. Dass Erdöl schädlich fürs Klima ist, weiß fast jedes Kind. Aber auch Palmöl schadet der Umwelt, denn es stammt meist von großen Plantagen, für die Regenwälder vernichtet und Tiere ausgerottet werden. Nachhaltige Kerzen sind nicht leicht zu finden oder teurer. Eine schöne Alternative ist es, mit den Kindern selbst Kerzen aus vorhandenen Wachsresten zu gießen.

ab 3 Jahren

Das brauchen Sie

- **Kerzenreste**
- **Dickeres Baumwollgarn**
- **Saubere Konservendose**
- **Topf**
- **Behälter (Tassen, Gläser, Teelichthülsen, Tetrapacks o. Ä.)**
- **Dünne Holzstäbchen**

Erhitzen Sie das Wachs in der Konservendose im Wasserbad. Vorhandene Dochtreste entfernen. Baumwollgarn ins flüssige Wachs tauchen und zum Auskühlen beiseitelegen. Diesen Docht an einem Holzstäbchen befestigen und so über ein Gefäß legen, dass die Schnur mittig bis auf den Boden hängt. Danach flüssiges Wachs hineingießen und fest werden lassen.

Tipps

- Zur Farbgebung können Raspeln aus Bienenwachsmalstiften oder Lebensmittelfarbe hinzugefügt werden.
- Plätzchenausstecher oder Papprollen in Sand stellen und Wachs hineingießen.

Kerzen nachhaltig einkaufen

Umweltschädliche Kerzen bestehen aus:

- Paraffin (Erdöl)
- Stearin (Palmöl)

Umweltfreundliche Kerzen bestehen aus:

- Biomasse (Fette aus nachwachsenden Rohstoffen)
- Sojawachs (gentechnikfreies Sojaöl)
- Rapswachs (gentechnikfreies Rapsöl)
- Biobienenwachs (Honigbienenwaben von regionalen Imkern)

Forschungs-stationen Garten und Wald

Auch die Natur produziert Müll: Laub von Blättern, Häufchen von Tieren oder verlassene Nester machen auch im Wald und im Garten jede Menge Müll. Dieser Müll ist aber nicht nur gut abbaubar, sondern er ist sogar nützlich. Die Natur hat es so eingerichtet, dass des einen Müll der Reichtum des anderen ist. Mit den Naturerlebnisreisen, Safaris und Forscherabenteuern auf den nächsten Seiten können sich die Kinder hier selbst ein Bild machen – und dabei wichtige Fragen klären wie: Wer macht eigentlich das Wasser sauber? Oder: Wer räumt im Wald auf?

Müll gehört nicht in die Natur

WIE ABFÄLLE UNSERE ÖKOSYSTEME BELASTEN

Fast-Food-Verpackungen, Taschentücher oder sogar Gummireifen: 2014 landeten in Thüringen rund 250 Tonnen Müll am Straßenrand und zusätzlich 12 Tonne Müll in thüringischen Wäldern. Eine genaue Zahl für Gesamtdeutschland lässt sich kaum ermitteln. Forstämter und Straßenämter müssen Müll im Wald teuer entsorgen. Toll, dass es inzwischen viele auch internationale Kampagnen zum Müllsammeln gibt, wie beispielsweise Müllsammeltage von Schulen und Kitas, oder den internationalen *Cleanup Day*.

Glasmüll im Wald: Gefährlich!

Glasmüll im Wald ist ein Hauptverursacher von Waldbränden. Gerade die Dürresommer von 2018 und 2019 haben gezeigt, wie schnell solche Brände ausbrechen und außer Kontrolle geraten können. Aber Glasmüll ist auch an Regentagen gefährlich, denn an den scharfen Kanten können sich Waldtiere wie Reh und Fuchs verletzen und Vögel können die kleineren Glasstücke mit Beutetieren verwechseln und daran ersticken.

Sondermüll im Wald: Gesundheitsschädlich!

Medikamente, Farbreste, Zigarettenkippen, Energiesparlampen und Chemikalien aus abgeladenen Kühlschränken: Auch das kommt als Müll in den Wald. Mit dem Regen gelangen diese Stoffe ins Grundwasser und/oder in die Flüsse. Dort werden sie von Tieren aufgenommen, die wiederum auf unserem Teller landen können.

Gartenabfälle im Wald: Unerwünscht

Das Abladen aller Arten von Abfall im Wald ist gesetzlich verboten und wird seit 2020 auch härter bestraft. Dazu zählen auch Grünschnitt und andere Gartenabfälle. Der Grund: Durch Abladen von Gartenmüll gerät das empfindliche Ökosystem im Wald noch weiter aus dem Gleichgewicht und ist eine Gefahr für die Artenvielfalt.

Quelle
https://neoblau.com/muell-im-wald

Müll im Wald

EIN WICHTELFINGERSPIEL ZUM NACHMACHEN

Zigarettenkippen, Hundehaare und -häufchen, Flaschen, Taschentücher, Verpackungen: am Straßenrand, im Wald und auch auf Spielplätzen finden sich leider oft viele Abfälle. In diesem Fingerspiel schaffen fünf Wichtel Abhilfe. Malen Ihre Kinder wie der Wichtel im Text auch ein Schild – vielleicht für den Spielplatz oder einen Lieblingsplatz im Wald?

Ein kleiner Wichtel ärgert sich:
Müll im Wald: ganz fürchterlich!
den Daumen hochhalten und damit wackeln

Ein zweiter Wichtel räumt ihn weg,
Flaschen, Tüten, Hundedreck.
den Zeigefinger hochhalten

Ein dritter Wichtel hilft den beiden,
denn er kann sie sehr gut leiden.
den Mittelfinger dazunehmen

Ein vierter Wichtel kommt dazu,
so schaffen sie's ganz schnell, im Nu.
Ringfinger mit hochhalten

Der fünfte Wichtel aber spricht:
Müll im Wald ist fürchterlich.
kleinen Finger dazunehmen

Er malt ein Schild mit bösem Gesicht,
darauf steht: „Müll abladen: bitte nicht!"
mit der anderen Hand „bitte nicht!" zeigen

Da freuen sich die Wichtel sehr,
denn Müll im Wald gibt's keinen mehr.
mit den fünf Fingern wackeln

Die Müllabfuhr gibt's auch im Wald

VON FÜCHSEN, MISTKÄFERN UND TIERISCHEN TOTENGRÄBERN

Auch im Wald gibt es eine Menge zu entsorgen, selbst wenn Menschen hier keinen Müll abladen würden. Aas, tote Äste und Bäume, Kot von Tieren und das Laub der Bäume. Wie gut, dass der Wald seine eigene Putzkolonne hat. Tiere, Pilze und Pflanzen halten den Wald rein – und erhalten so das ökologische Gleichgewicht.

Tiere, die Aas fressen

Aaskrähen, Elstern, Füchse, Dachse und Wildschweine finden sich schnell ein, wenn irgendwo ein totes Tier im Wald liegt. In vielen Wäldern in Europa kümmern sich auch Förster um Tierleichen im Wald. Aber gerade kleinere Tiere, die im Wald verendet sind, sind Nahrung für Aas fressende Tiere. Als Erste zur Stelle sind natürlich Fliegen, aber bald folgen größere Tiere. Füchse können Aas schon aus weiter Entfernung riechen und kommen in der Dämmerung dazu.

Suchtipp: Fuchs und Dachs sind meist nur nachts oder in der Dämmerung unterwegs, aber die Fuchs- und Dachsbaue finden Sie auch tagsüber.

Tiere, die die „Häufchen" verwerten

Manche Tiere finden die Häufchen von Kuh, Hund und Pferd so richtig lecker. Mistkäfer beispielsweise ernähren sich nicht nur davon, sondern sie legen auch ihre Eier hier ab. Auch andere Käferarten, Milben, Maden und Würmer helfen bei der Kotentsorgung.

Suchtipp: Mistkäfer finden Sie fast zu jeder Jahreszeit, vor allem aber im Frühling und Sommer, auf Waldwegen.

ab 3 Jahren

Wer dem Laub zu Leibe rückt

Jeden Herbst ist es so weit: Der Waldboden ist bedeckt mit einer neuen Schicht von welkem Laub. Wie gut, dass so ein altes Blatt manchen Tieren richtig gut schmeckt. Regenwürmer ziehen sich Blätter oder Blattteile unter die Erde und lassen sie schön mürbe werden, um sie anschließend zu verspeisen.

Suchtipp: Regenwürmer finden Sie fast überall, wo die Erde locker und durchlässig genug ist – auch im Kita-Garten!

Wo die toten Bäume hinkommen

Ein toter Baumstamm ist Nahrung und Wohnung für viele verschiedene Tier- und Pflanzenarten zusammen. Moose wachsen hier,

im Holz und in der Rinde wohnen und fressen Käfer, Spechte hacken sich Nester hinein, sofern der Baum noch „steht". Liegende Stämme werden von Bakterien langsam zersetzt und viele Pilze finden Baumstümpfe oder Totholz einfach unwiderstehlich lecker, dazu gehören Hallimasche, Austernpilze und viele verschiedene Porlingsarten.

Suchtipp: Gucken Sie im Wald gezielt auf Baumstümpfen und toten Stämmen nach. Dort finden Sie fast immer den einen oder anderen Pilz!

Was klingt denn da im Wald?

EINE KLANGGESCHICHTE MIT MATERIAL AUS DEM ABFALL

Müll kann ganz schön viel Lärm machen. Zumindest in dieser Klanggeschichte. Die Instrumente dafür finden die Kinder im gelben Sack! Sie verwenden hier natürlich nur sauber abgespülte Verpackungen. Die Klanggeschichte ist auch als kleine Vorführung für die Eltern möglich oder auch als Auftakt vor einem Müllsammeltag.

Rollen und Instrumente

- **Coladose: eine leere Getränkedose und eine Gabel**
- **Zigarettenverpackung: Papierreste**
- **Plastikbecher: zwei oder drei leere Kunststoffbecher, etwa von Joghurt, in einer Schüssel**
- **Hundehäufchen: ein Furzkissen**
- **Bonbonpapier: ein Stückchen knisternde Kunststofffolie**

ab 3 Jahren

Es war einmal eine leere Coladose.

mit der Gabel auf die leere Dose schlagen

Ganz einsam lag sie an einem Waldrand, denn irgendjemand hatte sie dort hingeworfen. „Haaaallo!", rief die Dose und klapperte ein bisschen. „Hört mich jemand?"

wie oben

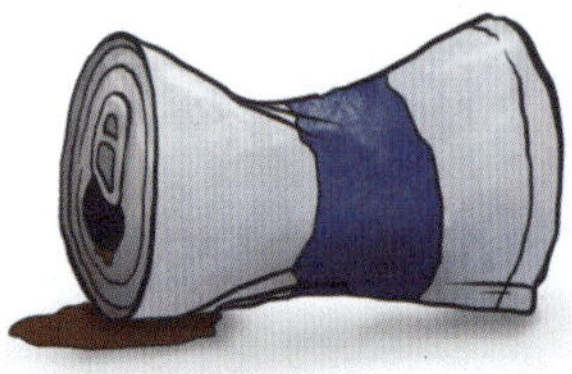

„Hallo, ich bin auch hier!", meldete sich da ein zartes Stimmchen. „Hier hinter dir im Gras!"

mit dem Papier knistern

„Ich bin eine leere Zigarettenverpackung und mich hat auch einfach jemand hier hingeworfen. Ob es noch mehr Müll hier gibt?"

wieder knistern

Gemeinsam riefen die beiden Abfälle laut: „Haaallo!"

knistern und gegen die Dose schlagen

„Huhu!", antworteten da gleich mehrere Stimmen. „Wir sind Plastikflaschen und Getränkebecher. Wir liegen schon ganz schön lange hier herum!"

in der Schüssel mit den Plastikbechern wühlen

„Äh, ich wäre dann auch noch hier!“, räusperte sich ein Hundehäufchen. „Pardon, wenn ich etwas stinke!“

auf das Furzkissen drücken

„Ich bin auch noch da, Tschuldigung, ich werde ständig herumgeweht!“, meldete sich ein zartes, kleines Bonbonpapierchen aus Plastikfolie.

mit der Plastikfolie oder dem Bonbonpapier knistern

Die Abfälle machten gemeinsam einen Riesenlärm. Sie schrien und brüllen, stampften und sangen.

alle Abfälle erklingen gemeinsam

Das war ein Lärm. Aber niemand reagierte.

Stille

Da kamen eines Tages die Kinder aus der Kindertagesstätte *(Namen der Kita einfügen)*.

alle Kinder rufen laut

Sie hatten Müllsäcke und Müllzangen dabei und sammelten die Abfälle ein. Die Abfälle freuten sich, aber noch mehr freute sich der Wald, denn jetzt hörte man dort nur noch das Rauschen der Bäume und das Zwitschern der Vögel. Toll gemacht!

Applaus klatschen

Tipp

Schreiben Sie Ihre eigene Klanggeschichte passend zu den Ideen für weiteren/anderen Müll, den die Kinder finden und mit dem sich gut Geräusche machen lassen!

Wer lebt in der Erde?

DAS EDAPHON SICHTBAR MACHEN

ab 4 Jahren

In einer Handvoll Erde leben mehr Lebewesen als Menschen auf der Welt – dieser Satz aus der Forstwirtschaft gilt natürlich nur für „gesunde Erde“. Trotzdem ist es erstaunlich, was in der Erde so alles krabbelt, kriecht, schlummert, gräbt und springt. All die kleinen Tierchen, Pilze, Bakterien und Pflänzchen im Erdreich zusammen heißen Edaphon. Sie zersetzen in der Erde tote Biomasse. Und das Edaphon gucken sich die Kinder in dieser Erdreichsafari einmal genauer an.

Das brauchen Sie

- **Schaufeln**
- **Becherlupen**
- **Weißes und schwarzes Tonpapier**

Graben Sie an einer geeigneten Stelle im Garten oder im Wald etwas Erde aus. Eine Hälfte davon verteilen die Kinder auf dem weißen Papier, die andere auf dem schwarzen. Mit den Augen, aber auch mit Lupen oder Becherlupen betrachten Sie nun, was sich da so alles erblicken lässt. Die meisten Erdbewohner sind zu klein, um sie mit dem bloßen Auge oder einer Lupe zu erkennen. Die Bodenfauna (winzige Tierchen im Boden) und die Bodenflora (winzige Pflanzen im Erdboden) machen zusammen die Gesamtheit der Bodenorganismen aus, die man Edaphon nennt.

Sichtbare Tierchen

Mit dem bloßen Auge können Sie folgende Tiere erkennen: Regenwurm, Asseln, Borstenwürmer, manche Milben, mit etwas Glück Springschwänze (bis 2 mm groß). An „großen“ Tieren bewohnen Mäuse und Maulwürfe die Erde.

Sichtbare Pflanzen

Auch Pilze, Pilzgeflechte und Algen helfen mit, aus totem Holz, Laub und anderen natürlich anfallenden Resten wieder gute Erde zu machen.

Tipp

Graben Sie Erde dort aus, wo der Boden möglichst weich und unbelastet ist, also an einer Stelle ohne Müll, ohne Tierkot und unter der Blätterschicht (im Wald).

Wohin kommt der Müll?

EIN BEWEGUNGSSPIEL ZUM MÜLLTRENNEN

ab 4 Jahren

Manchmal macht Mülltrennen richtig Spaß, beispielsweise wenn die Kinder sich mit Musik und viel Bewegung der Sache annehmen. Zu Hause ist das Nachmachen dann ganz einfach.

Das brauchen Sie

- **1 gelben Sack oder einen gelben Wäschekorb**
- **1 grünen Wäschekorb oder eine grüne Schachtel, nach Wunsch mit einem kompostierbaren Beutel darin**
- **1 großen leeren, offenen Karton ohne Deckel**
- **1 schwarzen Karton oder schwarzen Wäschekorb**
- **CD-Spieler mit Musik**
- **Pinzetten, Grillzangen in verschiedenen Größen**
- **Als Müll: Leere PET-Flaschen, leere Plastikverpackungen, Papp- und Papierabfälle, aus Pappe ausgeschnittene Obstschalen und Gemüsereste, ausrangierte oder kaputte Spielzeuge, kaputtes Essgeschirr aus Kunststoff oder Porzellan**

Verteilen Sie alle Abfälle im Gruppenraum und stellen Sie die Abfallbehälter auf. Die Kinder werden sich wundern! Möchten Sie beim Müllsammeln helfen? Zeigen Sie den Kindern die Pinzetten und Zangen. Jedes Kind darf sich sein Lieblingsmüllinstrument aussuchen.

Machen Sie gemeinsam eine Runde durch den Raum. Die Kinder können auf interessante Abfälle zeigen und überlegen, in welchen der Abfallbehälter („Biotonne"/grüner Wäschekorb, „Restmüll"/schwarze Schachtel, „gelber Sack/Wertstofftonne"/gelber Wäschekorb oder „Papiermüll"/Karton) sie wohl kommen. Dann geht das Spiel los. Sie stellen die Musik an. Bei jedem Musikstopp flitzen die Kinder durch den Raum, heben mit ihrer Zange oder Pinzette einen Gegenstand auf und transportieren ihn zum ihrer Meinung nach richtigen Behälter. Ist aller Müll aufgeräumt, können Sie gemeinsam die Behälter durchgucken, um zu sehen, ob alles an der richtigen Stelle entsorgt wurde.

Gewusst wie

EINEN KOMPOSTHAUFEN ANLEGEN

Beim Anlegen eines Komposthaufens sind drei Punkte besonders wichtig: Standort, Zutaten und Pflege. Wenn Sie ein paar grundlegende Dinge beachten, haben Sie in etwa einem Jahr einen wunderbaren natürlichen Dünger für ihre Pflanzen.

ab 3 Jahren

Der richtige Standort

Der Komposthaufen sollte weder direkt in der Sonne noch zu windgeschützt stehen. Am geeignetsten ist ein gut erreichbarer Platz im Halbschatten. Eine feste, aber luftdurchlässige Umrandung, etwa selbst gebaut aus Ästen, ist ideal. So kann nichts weggeweht werden und die Mikroorganismen bekommen genügend Sauerstoff. Denken Sie auch daran, an einer Seite eine Öffnung zum Entnehmen des fertigen Kompostes anzubringen. Unbedingt wichtig ist, dass der Haufen auf die Erde geschichtet wird, nicht etwa auf einen Steinboden. Die zersetzenden Lebewesen müssen Zugang zu dem Kompost haben, um ihre Arbeit zu tun. Außerdem würde die Mischung aus Pflanzenteilen und Essensresten auf einem Betonboden schnell feucht werden und anfangen zu schimmeln.

Meist sieht so ein Komposthaufen nicht unbedingt schön aus und wird während des Zersetzungsprozesses auch nicht gerade appetitlich riechen. Es ist daher ratsam, dass er entfernt von Sitzbereichen (auch denen der Nachbarn!) und Spielplätzen der Kinder angelegt wird.

Das richtige Aufschichten

Einfach alles, was so anfällt, wild durcheinanderzuwerfen ist nicht sinnvoll. Die erste Schicht auf dem Boden sollte immer aus kleingeschnittenem Holz wie Reisig, Zweigen und Ästen bestehen, die beispielsweise während der Gartenarbeit anfallen. So bekommt der Komposthaufen mehr Sauerstoff und die hilfreichen Lebewesen haben von der Erde aus einen guten Zugang zu den Kompostbestandteilen. Die zweite Schicht besteht aus Rasenschnitt, Pflanzenteilen und Laub ohne Schädlingsbefall. Sie können auch abwechselnd mit Hölzern und Pflanzen mehrere Schichten übereinanderlegen. Auf die oberste Schicht kommen dann die Abfälle aus der Küche und gesunde Erde. Danach in der genannten Reihenfolge weiter schichten. Der beste Komposthaufen ist eine gute Komposition verschiedener Bestandteile.

Die richtige Pflege

Besonders an heißen Tagen muss auch der Kompost gewässert werden, damit Mikroorganismen gelöst und Nährstoffe transportiert

werden können. Wenn sich Ameisen zeigen, ist dies ein Anzeichen dafür, dass der Kompost zu trocken ist. Riecht er modrig oder lässt sich Wasser aus dem Material herausdrücken, ist er zu nass. Einmal jährlich sollte der Kompost auch umgesetzt werden. Die ideale Zeit dafür ist der Frühling. Der übers Jahr gewonnene Humus kann dann gleich für das Säen und Setzen der neuen Pflanzen genutzt werden.

Tipp

Wer nur einen Balkon zur Verfügung hat, kann sich eine Wurmkiste aufstellen.

Weiterführende Links

www.wurzelwerk.net

www.nabu.de/umwelt-und-ressourcen

Was darf in den Komposthaufen?

- Äste und Zweige
- Gras und gesunde Erde
- Gesunde Pflanzenteile
- Ungespritzte Obst- und Gemüsereste
- Ungekochte Essensabfälle
- Tee(beutel) und Kaffeesatz
- Stroh, Holzstreu und Holzasche
- Naturpapier und Pappe
- Federn und Haare

Unser Naschgärtchen

NAHRUNGSMITTEL OHNE MÜLL

Selbst Pflanzen zu ziehen ist eine schöne Idee, um den Verpackungsabfall zu minimieren. Auch auf kleinstem Raum kann ein Naschgärtchen entstehen. Für Kinder ist es ein spannendes Erlebnis, dabei zuzusehen, wie aus einem Samen eine Pflanze wird, deren Früchte, Wurzeln oder Blätter sie essen können.

ab 3 Jahren

Ein Aufenthalt in der Natur und der Umgang mit Pflanzen gehört zu den essenziellsten und gesündesten Aktivitäten. Besonders Kinder erleben ihre Umgebung mit allen Sinnen. Wie riecht die Blume? Wie schmeckt die Frucht? Wie fühlt sich das Blatt an? Einen kleinen Entdeckergarten einzurichten erfüllt die Kinder mit Freude, stärkt ihr Verantwortungsgefühl und Selbstbewusstsein. Sie erleben sich im Kreislauf der Natur und wie alles miteinander in Beziehung steht. Sie erfahren, wo ihre Nahrung herkommt, lernen durch spielerisches Ausprobieren, wo was am besten wächst und welche Pflege notwendig ist, damit aus einem Samenkorn eine Pflanze wird. Besonders Nutzpflanzen stehen bei den Kleinen hoch im Kurs, denn sie liefern leckere Früchte, Wurzeln oder Blätter.

Die beste Zeit

Im Prinzip kann das Gartenprojekt zu jeder Jahreszeit gestartet werden. Ideal ist es jedoch, im Frühling zu beginnen. Samen werden drinnen in Saaterde vorgezogen und die Setzlinge zu gegebener Zeit (Packungshinweise beachten) ins Freie gepflanzt. Manche Pflanzen können das ganze Jahr über auch auf der Fensterbank beerntet werden. Dazu gehören beispielsweise Kresse und Basilikum.

Pflegeleichte Pflanzen

Pflanzen aus Samen, die schnell wachsen
Pflücksalat, Radieschen, Kohlrabi, Möhren, Zuckererbsen, Kirschtomaten, Minigurken, Borretsch, Kerbel, Kresse

Winterharte Pflanzen, die jedes Jahr beerntet werden können
Johannisbeeren, Brombeeren, Himbeeren, Stachelbeeren, Zitronenmelisse, Pfefferminze, Erdmandel

Einjährige pflegeleichte Pflanzen
Erdbeeren, Basilikum

Upcycling-Pflanzgefäße

Wer keinen Garten hat, kann viele Pflanzen auch in Töpfen kultivieren. Im Sinne der Wiederverwertung werden Obstschälchen, Tetrapaks, Dosen, Gläser, Plastikflaschen, -becher

und -beutel zu originellen Saat- und Pflanzgefäßen. Weißblechdosen oder halbierte Tetrapaks können z. B. bunt bemalt oder beklebt, mit Loch und Haken oder Schnur versehen an einen Zaun gehängt werden. Der Boden sollte immer mit einer dünnen Schicht kleiner Steinchen oder Scherben bedeckt sein, damit sich überschüssiges Wasser nicht in der Erde sammelt und die Pflanzen faulen lässt. Wenn möglich auch ein Loch in den Boden des Behälters bohren.

Pflanzenlabel

Damit die Kinder auch noch wissen, wo sie was eingesät haben, können aus Terrakottabruch, Steinen oder Eisstäbchen Pflanzenlabel hergestellt werden. Mit wasserabweisender, deckender Farbe wird darauf die Pflanze gemalt, die aus dem kleinen Samen einmal entstehen soll.

Weiterführende Links

www.mein-schoener-garten.de/gartengestaltung/gartenideen/kinderfreundliche-pflanzen-fuer-den-garten-kinder-ungefaehrlich-ideen

www.smarticular.net/naschgarten-kindergarten-anlegen-tipps

Wie das Wasser klar wird

EINE KLÄRANLAGE SELBST BAUEN

Das schmutzige Wasser aus Badewanne, WC und so weiter fließt durch die Kanalisation in die Kläranlage. Hier wird aus Schmuddelbrühe sauberes Wasser. Aber auch ohne Hilfe des Menschen kann die Erde aus Schlammbrühe wieder sauberes Wasser machen. Eine solche natürliche Kläranlage bauen die Kinder hier nach.

ab 4 Jahren

Das brauchen Sie

- **4 Becher oder ausrangierte Kunststoffblumentöpfe mit Loch)**
- **Handbohrer**
- **Steine/Kieselsteine**
- **Grober Sand**
- **Feiner Sand (Vogelsand oder aus dem Sandkasten)**
- **2 große Einmachgläser**
- **Kaffeefiltertüte**
- **Etwas Erde**
- **Wasser**
- **Nach Wunsch: Watte, Sieb**

Abwasser ist eine besondere Art von Müll: Es ist all das Wasser, das wir schmutzig in Abflüsse, die Spüle, den Gulli, Waschbecken oder die Toilette kippen. Das Abwasser verschwindet aus Sicht der Kinder und ist weg. Aber was passiert mit all dem schmutzigen Wasser? Es wird in Kläranlagen gesäubert und wieder in die Natur entlassen. Auch die Natur selbst kann schmutziges Wasser sauber machen, und zwar einfach, indem es durch den Boden sickert: Die einzelnen Erdschichten filtern das Wasser, bis es sauber ist und sich als Grundwasser sammelt. Das stellen die Kinder nach, indem sie sich einen Erdfilter selbst bauen.

Der Versuch beginnt

Falls Sie Becher verwenden, können Sie mit den Kindern zunächst Löcher in die Böden bohren. Bei Blumentöpfen haben Sie unten im Boden schon Löcher vorgegeben. Generell ist es besser, wenig Gefäße (Becher, Blumentöpfe usw.) aus Kunststoff zu verwenden, für diesen Versuch können Sie auch Terrakottatöpfe mit Loch benutzen oder Sie verwenden ausrangierte Töpfe. In das erste Gefäß dieser Art geben die Kinder größere Kieselsteine, in das zweite den groben Sand. In das dritte Gefäß kommen zwei größere Steine und darüber der feine Sand. Die Kinder stellen zuunterst und als Erstes ein großes, leeres Einmachglas. Über das Gefäß mit dem feinen Sand stülpen die Kinder von unten den Kaffeefilter und stellen es so auf das Glas. Darüber kommt das Gefäß mit dem groben Sand und als Letztes ganz oben das Gefäß mit den größeren Steinen. Nun rühren die Kinder eine richtig schöne Schmuddelbrühe, etwa aus etwas Wasser mit Erde, Blättern und Ästchen, an. Die Brühe nun ganz oben eingießen und abwarten.

Was passiert in der (echten) Kläranlage?

Wie in unserem Beispiel werden auch in der echten Kläranlage zunächst größere Teile aus dem Klärwasser gesiebt. Der Rest fließt weiter in Klärbecken. Hier setzen sich Schlamm- und Schmutzreste mit der Zeit am Boden der Klärbecken als Klärschlamm ab. Das Wasser ist nun schon ziemlich klar. Kleinstlebewesen wie Bakterien und Einzeller reinigen das Wasser weiter, bis es schließlich wieder in Flüsse entlassen werden kann.

Wie neue Kleider das Wasser verschmutzen

In manchen Regionen der Erde sind die Gewässer, vor allem die Flüsse, so stark verschmutzt, dass keine Lebewesen mehr darin leben können. Der Grund sind hier häufig große Industrieanlagen und Fabriken, die ihr Abwasser ungeklärt in die Flüsse einleiten. Das passiert beispielsweise in vielen Ländern in Asien und Afrika, etwa in Tunesien, in China oder Bangladesch. Die Menschen dort werden sehr krank, weil ihre Umwelt zerstört und voller Gifte ist. Vor allem Fabriken, in denen Kleider gefärbt werden, verschmutzen mit ihren Chemikalien die Flüsse. In diesen Fabriken werden auch die Kleider hergestellt, die wir Menschen in Europa tragen, denn viele große Konzerne lassen ihre Kleider dort günstig und ohne Rücksicht auf die Menschen und die Umwelt herstellen. Viel nachhaltiger ist es, weniger Kleidung zu kaufen und beim Kleiderkauf lieber bei Öko- oder Biomarken zu kaufen, die nachhaltig und umweltschonend produzieren.

Weiterführende Links

www.zdf.de/dokumentation/zdfinfo-doku/vergiftete-fluesse-100.html

www.greenpeace.de/themen/endlager-umwelt/gefahrliche-substanzen-der-textilindustrie

Das gibt's zu bestaunen

Das Wasser, das nun unten ins Glas läuft, sollte ganz klar sein. Sie können das Experiment auch noch einmal mit diesem Wasser wiederholen.

Das ist die Erklärung

Wie in dieser Minikläranlage läuft Wasser aus Pfützen oder anderes Schmuddelwasser auch in der Natur durch viele Bodenschichten, die Schmutzteilchen daraus herausfiltern.

Zum Weiterforschen

Wie könnte man Watte oder ein Sieb zum Einsatz bringen, um die Kläranlage noch zu erweitern? Was könnte sich sonst noch anbieten? Die Kinder können noch mehr Ideen testen und die Erfolge miteinander vergleichen.

Weg mit dem Dreck!

EIN GEMEINSAMER AKTIONSTAG MIT DEN ELTERN

Spielen Sie doch einmal Mülldetektiv! Dieses Projekt kann ein Einstieg in das Thema „Abfallvermeidung" sein. Es schärft das Verantwortungsbewusstsein der Kinder für ihre Umwelt und fördert den achtsamen Umgang mit der Natur.

ab 2 Jahren

Das brauchen Sie

- **Robuste Kleidung**
- **Müllbeutel oder Eimer**
- **Handschuhe**
- **Lange Stöcke**

Überlegen Sie sich vorher mit den Kindern, welches Gebiet für den Sammeltag geeignet ist, und schreiben Sie eine Einladung an die Eltern. Der Brief sollte neben dem Datum des Events auch einen Treffpunkt und die mitzubringenden Gegenstände beinhalten. Die Kinder werden während des ganzen Projektes von ihren Eltern oder Erziehern beaufsichtigt, damit sie keine gefährlichen Substanzen auflesen. Bedenkliche Objekte dürfen nur von den Erwachsenen gesammelt werden. Sprechen Sie während der Aktion mit den Kindern über das Thema und suchen Sie gemeinsam nach dem Abfall, der unbedacht in die Gegend geworfen wurde. Danach wird der Müll ordnungsgemäß in die dafür vorgesehenen Tonnen entsorgt.

Im Anschluss kann eine Fragerunde stattfinden. Mögliche Fragen sind:

- Hast du viel Müll gefunden?
- Welche Art von Abfall hast du am häufigsten gesehen?
- Wie würde unsere Gegend aussehen, wenn alle ihren Müll herumliegen lassen?
- Was passiert mit den Tieren, wenn sie die Essensreste in den Behältern fressen oder wenn sie am Abfall hängen bleiben?
- Warum ist es wichtig, Müll aufzusammeln?
- Was könnte man tun, um bei diesem Problem zu helfen?

Müllfrei snacken

DIY-MÜSLIRIEGEL ZUM MITNEHMEN

ab 3 Jahren

Diese Müsliriegel kommen ohne zusätzliche Süßungsmittel und ganz ohne Plastikverpackung aus! Nehmen Sie sie doch mit in den Wald oder zu anderen Ausflügen! Außerdem sind die kleinen Riegel einfach unglaublich lecker!

Fruchtig

Das brauchen Sie

- **1 Tasse Mandeln**
- **100 g Trockenfrüchte nach Wahl**
- **50 g Kokosraspeln**
- **½ Tasse Hirseflocken**
- **5 Esslöffel Kokosöl**

Die Zutaten bis auf das Öl in einem elektrischen Zerkleinerer mixen. Währenddessen das Kokosöl in der Sonne, auf der Heizung oder im Wasserbad schmelzen lassen. Mischung in eine Schüssel geben, flüssiges Öl hinzufügen und verrühren. Die Masse in einer mit Backpapier ausgelegten Form glattstreichen. Im Kühlschrank oder Tiefkühlfach schnittfest werden lassen. Die Müslimasse anschließend in längliche Riegel schneiden und bis zum Verzehr an einem kühlen Ort aufbewahren.

Schokoladig

Das brauchen Sie

- **1 Tasse Nüsse**
- **20 Datteln, getrocknet**
- **½ Tasse Haferflocken**
- **2 Esslöffel Kakao**
- **5 Esslöffel Kokosöl**

Mixen Sie die Zutaten bis auf das Öl in einem elektrischen Zerkleinerer. Unterdessen das Öl in der Sonne, auf der Heizung oder im Wasserbad schmelzen lassen. Die Mischung in eine Schüssel geben, flüssiges Öl hinzufügen und verrühren. Danach die fertige Masse in einer mit Backpapier ausgelegten Form glattstreichen. Im Kühlschrank oder Tiefkühlfach schnittfest werden lassen. Die Müslimasse anschließend in längliche Riegel schneiden und bis zum Verzehr an einem kühlen Ort aufbewahren.

Tipp

Wer mag, kann noch Sonnenblumenkerne und gemahlene Leinsamen hinzufügen.
Statt Nüssen und Haferflocken kann auch eine ungesüßte Müslimischung in der entsprechenden Menge verwendet werden.

Wer hat hier gesch...?

ab 4 Jahren

TIERHÄUFCHEN ERKENNEN

Wir Menschen gehen zur Toilette, aber die Tiere erledigen das in der freien Natur. Im Wald und auch in vielen Gärten können Sie darum immer wieder Tierhäufchen finden. Die Häufchen von Waldtieren nennt man in der Jägersprache Losung. Sie sind Teil des Ökosystems Wald und außerdem Dünger für die Pflanzen, die hier wachsen. Ganz anders sieht es mit den (vielen) Häufchen der Tiere in der Viehhaltung aus.

Auf einem Waldspaziergang oder einer Gartensafari bekommen Sie sicherlich mindestens ein Tierhäufchen zu Gesicht – abgesehen von Hundekot.

So sehen die Losungen („Häufchen") verschiedener Tiere aus:

Kaninchen und Hase: auf kleinen Erhöhungen, z. B. Maulwurfshaufen, bestehend aus lauter kleinen Kugeln, recht hart, manchmal etwas flach gedrückt, die vom Hasen sind etwas größer (bis 2 cm)

Reh: im Winter oft kleine, harte Kugeln, im Sommer oft verklumpt zu größeren Häufchen

Igel: bis 4 cm lang, walzenförmig, glänzend, oft mit Insektenkörperresten (Chitinpanzer), auf Wiesen, an Waldwegen

Marder: bis 10 cm lang, wurstartig und dünner als die Fuchshäufchen, ziemlich unangenehmer „Duft", ebenfalls mit Obstkernen, oft spiralig gedreht

Fuchs: bis 8 cm lang, am Ende oft spitz zulaufend oder lang gezogen, oft mit Nahrungsresten wie Körnern, Kernen oder Mäusehaaren, an erhöhten Plätzen

Wildschwein: bis etwa 7 cm lange „Würste", oft zusammenklebend

Urin und Kot in der Natur

Ein „bisschen" Tierkot und -urin in der Natur ist normal. Manche Pflanzen stehen sogar auf diesen natürlichen Dünger und wachsen gern an Stellen, an denen oft „Pipi gemacht" wird, beispielsweise Brennnesseln. Wissenschaftler nennen solche Böden „verdichtet". Viel Tierkot, viel Tierurin wie der aus der Massentierhaltung ist allerdings schädlich: Die im Urin der Tiere enthaltenen Giftstoffe aus Medikamentenrückständen sickern ins Grundwasser und reichern sich dort an. Nitrate aus der Gülle und dem Mist wandern ebenfalls ins Grundwasser und beeinflussen die Qualität unseres Trinkwassers. Der Nitratüberschuss in der Umwelt ist ein Mitauslöser dafür, dass immer mehr Pflanzen und Tiere aussterben. Und zusätzlich ist all das von der Gülle aufsteigende Gas schlecht für die Klimabilanz.

Quelle *www.duh.de/themen/natur/naturvertraegliche-landnutzung/stickstoff-in-der-umwelt/nitrat*

Einkaufen, kochen und genießen

Mehr als die Hälfte aller Lebensmittelabfälle verursachen die privaten Haushalte. Höchste Zeit, auch die Kita-Küche mit nachhaltigen Augen zu betrachten. Entwickeln Sie gemeinsam Ideen, wie Müll aus Lebensmitteln vermieden werden kann. Wenn der Blick erst geschärft ist, finden Ihre Kinder und Sie bestimmt noch mehr Möglichkeiten, Müll zu reduzieren und Lebensmittel (noch) mehr wertzuschätzen.

Küchenabfälle in Zahlen und Fakten

LEBENSMITTELVERSCHWENDUNG IM EINKAUFSWAGEN

Statistiken machen sprachlos: Jedes achte Lebensmittel, das wir einkaufen, werfen wir weg. 6,7 Mio. Tonnen Lebensmittel verschwenden wir allein in privaten Haushalten, obwohl knapp die Hälfte davon noch essbar wäre. Das sind im Jahr ungefähr 55 kg pro Kopf, zwei voll beladene Einkaufswagen. Und das alles, während auf der Welt etwa 800 Mio. Menschen Hunger leiden.

Am häufigsten landen Obst und Gemüse im Mülleimer (34 %), gefolgt von selbst gekochten Gerichten (16 %) sowie Brot und Backwaren (14 %).

Am meisten Lebensmittel werden dabei übrigens in den „reichen" Bundesländern weggeworfen (Bayern, Baden-Württemberg, Nordrhein-Westfalen und Niedersachsen). In den ostdeutschen Bundesländern und im Saarland wandert hingegen weniger Essbares in den Müll.

Und noch etwas ist auffällig, sagen die Statistiken: Wir werfen viel mehr weg als wir glauben oder als uns bewusst ist (nationenübergreifend etwa um die Hälfte mehr).

Was bedeutet das für die Umwelt?

Um Lebensmittel zu erzeugen, werden Energie, Dünger, Pflanzenschutzmittel, Wasser und viel Arbeit benötigt. Gleichzeitig belasten wir mit der Erzeugung unserer Nahrung durch frei werdende Treibhausgase wieder die Umwelt. Wer wegwirft, belastet also nicht nur den eigenen Geldbeutel, sondern auch die Umwelt.

Quellen

www.umweltbundesamt.de/themen/wider-die-verschwendung

de.statista.com/infografik/19858/umfrage-zum-wegwerfen-von-lebensmitteln

Kein Fall für den Abfall

GEMÜSETALER AUS „RESTEN“

In der Küche noch verwertbare Essensreste sammeln und weiterverwerten: Das ist der erste Schritt. Gemäß den Hygieneverordnungen Ihrer Kita dürfen Sie wahrscheinlich gar nicht alles, was so an Resten anfällt, wiederverwerten. Zudem ist auch die Lagerung von Resten wichtig. In diesem Wiederverwertrezept zaubern Sie aus übrig gebliebenen Gemüse- und Kartoffelresten leckere Bratlinge. Fragen Sie doch auch, sofern bei Ihnen vorhanden, die Köchin oder den Koch um Unterstützung.

Das brauchst du

ab 3 Jahren

- **500 g geschälte und gekochte Kartoffeln**
- **500 g gekochtes wiederverwertbares Gemüse (etwa Erbsen oder Brokkoli)**
- **Nach Wunsch: 1 Zwiebel oder 1 Stange Lauch**
- **1 Esslöffel Kartoffelmehl**
- **1 Teelöffel Brühpulver**
- **Frische Kräuter nach Geschmack und Vorrat**
- **1 Ei**
- **Nach Geschmack und Alter der Kinder: 1 Prise Salz und etwas Pfeffer**
- **Nach Geschmack: etwas Paniermehl**
- **Öl zum Ausbraten**

Zwiebel oder Lauch nach Wunsch (Sie können sie auch weglassen) schälen und klein würfeln. Die Kartoffeln und das Gemüse klein schneiden oder grob zerstampfen oder pürieren. Dann einfach alle Zutaten miteinander vermischen, sodass ein fester Teig entsteht. Die Kinder formen aus dem Teig kleine Taler oder Bratlinge, die sie nach Geschmack in Paniermehl wälzen können. Das ÖL in der Pfanne erhitzen und die Taler darin goldbraun anbraten. Dazu passt ein frischer Salat.

Küchenresteatelier

WAS MAN MIT ABFALL NOCH TOLLES GESTALTEN KANN

Obst-, Gemüse- und Salatreste sowie leere PET-Flaschen fallen bestimmt auch in Ihrer Kita an. Retten Sie sie vor dem Müll, denn mit den kleinen Strünken, Kernen und Blättchen können Sie noch tolle Mal-Experimente machen. Hier finden Sie einige kunterbunte Ideen. Die Kinder haben vielleicht noch mehr?

Salatstrunk-Druck

Eisberg-, Eichblattsalat und Chicorée haben einen Strunk, der gern herausgeschnitten wird. Wenn er gerade abgeschnitten ist, stellt dieser Strunk einen prima Stempel dar. Einfach in Fingerfarbe tunken und umgekehrt auf Papier drucken: Es entstehen … tolle Blüten.

Pet-Flaschen-Druck

Auch mit leeren PET-Flaschen lässt es sich drucken: Gucken Sie mal den Boden der Flaschen an: Oft haben die Flaschen „kleine Füßchen". Schnell in Finger- oder Textilfarbe tunken und damit Packpapier oder Stoff bedrucken.

Selbstmach-Sanduhren

Zwei kleine durchsichtige Glas- oder PET-Flaschen sauber ausspülen und komplett trocknen lassen. Dann füllen die Kinder eine der Flaschen zu drei Vierteln mit kleinen Steinchen, grobem Sand oder auch Sandkastensand. Die zweite Flasche dann umgekehrt mit der Spitze an die Spitze der gefüllten Flasche halten und fest mit Klebeband umwickeln. Fertig ist eine selbst gemachte Sanduhr.

Tipp: Nutzen Sie hier am besten Flaschen mit schmaler Öffnung, damit die Füllung nicht zu schnell hindurchrieselt!

Jeder Müll hat ein Gesicht

EIN RECYCLING-KREISSPIEL MIT FANTASIE UND WÜRFELGLÜCK

107 kg Verpackungsmüll verursacht jeder Deutsche durchschnittlich im Jahr. Tendenz steigend, obwohl die Bereitschaft, Müll zu trennen, leider deutlich sinkt. In diesem Spiel kommen einige Abfälle aus dem gelben Sack oder der Wertstofftonne noch einmal zu ungeahnten Ehren, denn sie geben dem Müll ein Gesicht.

Das brauchen Sie

- **Sauberen Müll aus dem gelben Sack wie leere Joghurt- oder Quarkbecher, leere Katzennahrungsdosen (ohne scharfe Ränder), Plastiktüten und Plastikumverpackungen, Kaffeepaddosen, Kunststoff- und Metalldeckel – je nachdem, was Sie so finden**
- **1 Korb**
- **1 Würfel**
- **Nach Wunsch: Fotokamera oder Klebstoff und Fotokarton**

Geben Sie die sauberen, leeren Abfälle in einen Korb. Im Sitzkreis können Sie dieses Spiel mit zwei bis acht Spielern spielen. Die Kinder beginnen reihum zu würfeln. Wer eine Sechs würfelt, darf sich ein Stück aus dem Korb aussuchen und in die Mitte legen. Wer keine Sechs würfelt, gibt den Würfel weiter an den nächsten Spieler. Der zweite Spieler mit einer Sechs legt ein weiteres Stück dazu. Ziel dabei ist es, ein Gesicht zu legen mit Augen, Nase, Mund, Ohren und Haaren. Der nächste Spieler mit einer Sechs legt weitere Teile dazu, bis das Gesicht fertig ist. Besonders tolle Gesichter können Sie fotografieren oder die Kinder kleben ihr Lieblingsgesicht auf einen Bogen Tonpapier oder Pappe auf, um es zu konservieren.

Öko-Shopping

TOLLE EINKAUFSBEUTEL GESTALTEN

ab 3 Jahren

Plastiktüten verschwinden mehr und mehr aus den Geschäften und der einstige Ökobeutel ist längst zum Modeaccessoire geworden. So eine Einkaufstasche kann von den Kindern auch individuell selbst gestaltet werden. Das macht Spaß und am Ende können sie mit ihrem eigenen Kunstwerk shoppen gehen!

Das brauchen Sie

- **Helle unbedruckte Baumwollbeutel**
- **Flüssige Textilfarben**
- **Pinsel**
- **Alte Gläser mit Wasser zum Auswaschen der Pinsel**
- **Kartonreste in Größe der Beutel**
- **Bügeleisen**

Decken Sie den Basteltisch gut ab und stellen Sie alle benötigten Materialen bis auf das Bügeleisen bereit. Jedes Kind bekommt einen Baumwollbeutel, in den ein entsprechend großes Stück Karton hineingeschoben wird, damit die Farbe nicht bis zur Rückseite durchgeht. Die kleinen Künstler können nun ihre Kreativität frei entfalten, jedoch muss es nichts Aufwendiges sein! Schön sieht es auch aus, wenn viele bunte Spritzer auf dem Beutel sind. Damit die Farbe beim Waschen hält, muss sie nach dem Trocknen mit einem Bügeleisen fixiert werden. Legen Sie dafür ein dünnes Stück Stoff auf die Kunstwerke und bügeln Sie einige Minuten über das Motiv.

Tipp

Mit dem guten alten Kartoffeldruck können auch kleine Kinder superschöne Muster auf die Taschen zaubern! Dafür eine Kartoffel, einen schrumpeligen Apfel oder Ähnliches halbieren und die Schnittstelle in die Farbe tunken. Aus den Kartoffelhälften können aufgedruckt z. B. Melonenscheiben werden oder es werden mit einem Plätzchenausstecher Figuren in die Schnittstelle hineingedrückt.

Rohvegan auf dem Brot

NUSS-SCHOKO-AUFSTRICH SELBST GEMACHT

Nachhaltig essen kann ebenfalls Müll reduzieren. Wer selbst herstellt, kocht, rührt und backt, der vermeidet Verpackungen, Transportwege und isst gesünder. Ein Beispiel: Der bei Kindern beliebte Schokoaufstrich mit den sieben Buchstaben ist leider weder gesund noch umweltfreundlich. Hauptbestandteile darin sind Zucker und Palmöl. Es gibt aber zum Glück leckere Alternativen, die den berühmten Bruder weit in den Schatten stellen und noch dazu rohvegan sind!

ab 4 Jahren

Das brauchen Sie

- **200 g Haselnüsse**
- **10 Datteln**
- **2 Esslöffel Kakaopulver**
- **4 Esslöffel Kokosöl nativ**
- **Eventuell Nussmilch**

Weichen Sie zuerst die Nüsse über Nacht in Wasser ein. Am nächsten Tag das Wasser abgießen und die Nüsse zusammen mit den anderen Zutaten in einem elektrischen Zerkleinerer oder einem Mixer cremig pürieren. Wenn die Masse zu fest ist, einfach einen Schluck (selbst gemachte) Nussmilch hinzugeben.
Der Aufstrich hält sich in einem gut verschließbaren Schraubglas im Kühlschrank etwa ein bis zwei Wochen.

Probier's mal vegan!

ROHVEGANE EISCREME OHNE ZUCKER

Dieses Eis kommt ohne Zucker und Verpackungsmüll aus. Das köstliche und sogar gesunde Dessert ist im Nu hergestellt und wird sicher bald zum Highlight der Kinder!

Das brauchen Sie

- **Bananen**
- **Eventuell noch Kakao, Vanille oder Tiefkühlfrüchte wie Beeren, Kirschen, Mango**
- **Eventuell Nussmilch oder Fruchtsaft**

ab 2 Jahren

Schneiden Sie je Kind eine Banane in Scheiben und geben Sie diese für zwei Stunden ins Tiefkühlfach. Anschließend mit etwas Nussmilch oder Saft cremig mixen. Abwechslung bieten Früchte, Vanille oder Kakao, die mit der Banane zusammen püriert werden. Am besten sofort genießen oder bis zum Verzehr im Kühlfach aufbewahren. Das Eis muss dann eventuell noch einmal cremig gerührt werden.

Was heißt rohvegan?

Mit der Bezeichnung rohvegan oder *raw vegan* wird eine Ernährungsweise beschrieben, die aus unerhitzten pflanzlichen Lebensmitteln besteht.

Warum wird die Nahrung nicht erhitzt?

Viele Vitamine, Spurenelemente und Mineralstoffe sind hitzeempfindlich und werden ab 45 °C zerstört, ebenso ungesättigte Fettsäuren und Enzyme. Durch den Vorgang des Erhitzens werden lebensspendende und gesundheitsfördernde Inhaltsstoffe in der Nahrung reduziert.

Wie sieht diese Ernährung in der Praxis aus?

Eine rohvegane Mahlzeit besteht jedoch nicht nur aus einer Schüssel Salat. Kreative Zubereitungsarten haben in den letzten Jahren eine Vielzahl an neuen Speisen hervorgebracht. Sogar gekochte Lieblingsgerichte können rohvegan „nachgebaut“ werden. Das mittlerweile große Angebot an Rezeptbüchern im Handel oder Rezepten auf diversen Internetblogs beweisen, wie fantasievoll und abwechslungsreich die „kalte Küche“ sein kann.

Ist rohvegan gut fürs Klima?

Menschen, die sich schwerpunktmäßig rohvegan ernähren, wollen etwas für ihre Gesundheit tun. Sie achten daher meist auch auf ökologischen Anbau. Viele legen ebenfalls Wert darauf, dass ihre Lebensmittel aus der Region stammen. Auf Wochenmärkten und in Bioläden wird Obst und Gemüse lose angeboten. Es ist nicht mit umweltschädlichem Plastik verpackt, wie dies leider oft in Supermärkten der Fall ist. Ein weiterer Pluspunkt dieser Ernährungsweise: Ein stromfressendes Haushaltsgerät wie der Herd wird nicht mehr gebraucht.

Lauter Flaschen

MIT EINER EINKAUFSSAFARI DEM PFANDSYSTEM AUF DER SPUR

Manche „Plastikflaschen" können recycelt werden, andere sind nur bedingt oder gar nicht recycelbar. Warum wir solche Flaschen weiterhin kaufen? Weil wir als Verbraucher im unübersichtlich gewordenen Pfandsystem eigentlich kaum noch Orientierung haben. In dieser Idee gehen Sie mit den Kindern auf die Jagd nach „guten" und „schlechten" Flaschen.

ab 4 Jahren

Das brauchen Sie

- **Plastikflaschen von Fruchtsaft (z.B. von Granini)**
- **PET-Flaschen mit Pfandsymbol (kohlensäurehaltige Getränke, etwa Limonade oder Apfelschorle)**
- **Glasflasche von Sprudel**
- **Weitere Flaschen mit Aufdrucken je nach Vorrat und Möglichkeit**
- **Lupen**

Die Kinder können sich die Flaschen in Ruhe anschauen. Gibt es Siegel auf den Flaschen? Manche Tragen ein Pfandsymbol hinten auf dem Etikett. Was heißt das? Diese Flaschen bringt man zurück in den Supermarkt und bekommt einen Bon, für den man an der Kasse etwas Geld zurückbekommt. Das Pfand wurde eingeführt, damit die Leute ihre Flaschen wieder zu den Supermärkten zurückbringen, anstatt sie zu Hause in den Müll zu werfen. Denn aus manchen Flaschen lassen sich neue Flaschen herstellen oder sie können einfach gesäubert und neu befüllt werden. Und genau da gibt es Unterschiede:

Die „schlechten" Flaschen: Mehr Pfand und Einweg

Einweg-Getränkeverpackungen, die nicht wiederverwendet werden können, müssen den Hinweis „Einweg(pfand)" tragen oder verwirrenderweise auch einfach nur die Aufschrift „Pfandflasche" oder auch nur das Pfandzeichen der *Deutschen Pfandsystem GmbH (DPG)*. Inzwischen müssen die Supermärkte an den Regalen, die mit diesen Flaschen gefüllt werden, ein Schild mit der Aufschrift „Einweg" anbringen. Für Einwegflaschen aus Glas oder PET werden 25 Cent erhoben, das Gleiche gilt für Einweg-Getränkedosen. Alle diese Verpackungen belasten die Umwelt stark, weil sie nach dem Austrinken in der Regel einfach Müll werden.

Die „guten“ Flaschen: Wenig Pfand und Mehrweg

Glasflaschen sind in der Regel Mehrwegverpackungen, denn sie können mehrfach befüllt oder recycelt werden. Auch sie tragen aber einfach nur den Hinweis „Pfandflasche“ oder – wenn man Glück hat – „Mehrweg“. Hier beträgt das Pfand in der Regel 15 Cent, für Mehrwegbierflaschen aus Glas ohne Bügelverschluss nur 8 Cent. Mehrwegflaschen in Deutschland und Österreich tragen beispielsweise das Mehrweg-Logo und manchmal noch den „Blauen Engel“. Eine Glaspfandflasche des Mehrwegsystems kann bis zu 50-mal, PET-Flaschen 25-mal befüllt werden.

Detektivtipp: Ist Ihre Flasche vielleicht schon mehrfach wiederbefüllt? Schauen Sie mit den Kindern nach: Solche Flaschen haben oft matte, weiße Streifen oberhalb oder unterhalb des Etiketts. Man nennt sie Umlaufspuren, denn sie entstehen durch Reibung an anderen Flaschen in den Abfüllbetrieben. Auch kleine Dreiecke können sich produktionsbedingt unter dem Etikett eingedrückt haben, was ebenfalls ein Hinweis auf mehrfache Verwendung sein könnte.

Die „ganz schlechten“ Flaschen: Gar kein Pfand

Manche Milchprodukte, manche Alkoholika und Säfte müssen seltsamerweise gar kein Pfand ausweisen. Glasflaschen können in Altglascontainern entsorgt (und evtl. später recycelt) werden, aber Kunststoffflaschen ohne Pfand sind zusätzlich manchmal beschichtet und können so überhaupt nicht mehr recycelt werden (beispielsweise manche Flaschen der Firma Granini). Solche Flaschen gehören nach dem Austrinken in den gelben Sack/die Wertstofftonne oder – wenn sie aus Glas sind – ins Altglas.

Tipp

Können die Kinder die Flaschen nach gut/Mehrweg, schlecht/Einweg und ganz schlecht/ganz ohne Pfand sortieren?

Zero-Waste*-Kindergartenfrühstück

DIE ERSTE MAHLZEIT AM TAG, OHNE „MÜLL" ZU VERURSACHEN

Obstmus in der Quetschietüte und Joghurt im Plastikbecher – so oder ähnlich sieht bei vielen Kindern ein Frühstück aus. Viel Verpackungsmüll und wenig sinnvoller Inhalt. Dass es auch anders geht, beweisen die nachfolgenden Ideen.

Das Auge isst mit

Stellen Sie die Lebensmittel dekorativ zusammen. Das muss nicht aufwendig sein, aber farbenfroh, denn Kinder lieben Farben! Durch die Zugabe von Früchten und Gemüse wird beispielsweise aus einer Paprika eine Krake oder aus Bananen- und Erdbeerstückchen eine Schlange. Unter dem Stichwort „Figuren aus Obst" finden Sie im Internet viele einfache und dekorative Ideen.

Frisches Obst

Fruchtmus im Plastikbeutel ist weder gesund noch nachhaltig und zudem viel teurer als das Original, nämlich frisches Obst. Mit einem Mixer sind Früchte im Nu püriert und können mit Obststückchen, Nüssen etc. als Smoothie-Bowl angerichtet werden. Zum Mitnehmen wird das Mus in eine kleine Glasflasche mit Schraubdeckel gefüllt. Damit das Obstpüree seine schöne Farbe nicht verliert, einfach ein wenig Zitronensaft hinzugeben.

Nüsse + Getreide

Rezeptideen für zuckerfreie Müsliriegel finden Sie in dieser Ausgabe oder im Internet. Lecker und gesund sind auch Energiekugeln. Brot am besten selbst backen, im Bioladen oder Reformhaus kaufen. Alternativ können Dinkelstangen mitgegeben werden.

Milchprodukte

Bionaturjoghurt im Glas kaufen und mit frischem Fruchtmus mischen. Aus Biokäse Motive ausstechen.

*Zero-Waste ist ein englischer Ausdruck und bedeutet „null Abfall".

Müllvermeider

EIN SORTIERSPIEL MIT ALLTAGSMATERIAL

Beim Einkaufen, beim Broteschmieren, sogar beim Basteln können wir Müll vermeiden oder reduzieren: All dies sind Dinge, die auch die Kinder häufig tun. Bei diesem Sortierspiel können die Kinder ihre Ökosinne schärfen und selbst herausfinden, was nachhaltige Alternativen für die gewohnten Produkte sein könnten.

ab 4 Jahren

Das brauchen Sie

- **Plastiktüte – Stofftüte**
- **Plastikfolie um Brot – Brotdose – Papierbeutel**
- **1 Papier, weiß – 1 Recyclingpapier**
- **PET-Flasche Einweg – Glasflasche Mehrweg**
- **1 Banane normal – 1 Banane mit Bioaufkleber oder Fair-Trade-Aufkleber**
- **Holzmalstift – Filzstift**
- **Holzbaustein – Kunststoffbaustein**
- **Biokleber – normaler Kleber**

Im Sitzkreis legen Sie einfach alle Materialien in die Mitte. Die Kinder können sich alles genau anschauen und befühlen. In einer ersten Runde sortieren die Kinder die beiden gleichen Gegenstände (zwei Flaschen, zwei Papierblätter usw.) immer zu Paaren zusammen. Dann schauen Sie die Paare gemeinsam an. Welcher Paarbestandteil ist nachhaltig, welcher macht mehr Müll. Die Kinder können die nachhaltigen Produkte immer auf eine Seite legen, die Müllverursacher auf die andere. Vielleicht wollen die Kinder einen lachenden Smiley auf Pappe aufmalen, um die nachhaltigen Gegenstände zu markieren, und einen Smiley mit heruntergezogenen Mundwinkeln für die anderen. Besprechen Sie gemeinsam, warum manche Gegenstände mehr Müll verursachen.

Tipp

Wiederholen Sie das Spiel von Zeit zu Zeit mit anderen/weiteren Gegenständen.

Die Spielzeug-Tauschbörse

ABWECHSLUNG IN DER SPIELKISTE ZUM NULLTARIF

Plastikwahn und Verpackungsmüll machen auch vor der Kita- oder Kinderzimmertür nicht halt. Ständig muss etwas Neues her, damit den Kleinen nicht langweilig wird. Das belastet den Geldbeutel und unsere Umwelt. Doch es geht auch anders!

Tauschbörse in der Kita organisieren

Informieren Sie die Eltern über die geplante Aktion. Regen Sie an, mit den Kindern gemeinsam Spielsachen auszusuchen, die nicht mehr verwendet werden. Diese sollten am besten mit einem Namensetikett versehen werden, damit es später keine Verwechslungen oder Streitereien gibt. Am Ereignistag stellt jedes Kind seine mitgebrachten Dinge auf einem eigenen Platz auf. Die Mädchen und Jungen dürfen sich nun gegenseitig an ihrem Stand besuchen und die angebotenen Spielsachen anschauen. Werden sich zwei Kinder einig, ist der Tauschhandel abgeschlossen und die Objekte wechseln die Besitzer. Namensetiketten sollten dann ebenfalls ausgetauscht werden.

Tauschbörsen im Internet nutzen

Mittlerweile gibt es eine große Anzahl an unterschiedlichen Tauschplattformen im Netz. Sie funktionieren meist mit virtueller Währung, d. h. für eine abgegebene Ware bekommt man eine Tauschwährung gutgeschrieben, mit der man wiederum Spielzeug „einkaufen“ kann.

Tipp

Wenn es doch mal etwas Neues sein soll, dann lieber nach dem Motto „Weniger ist mehr“. Hochwertige Spielwaren aus Naturmaterial sind auch aus pädagogischer Sicht wertvoller als der Plastikkram aus dem Spielzeug-Discounter.

Links zu weiterführenden Informationen

Wissen + Entdecken

kids.greenpeace.de
www.wwf-junior.de/umwelt
www.oekoleo.de
www.utopia.de
www.utopia.de/eltern-kinder
www.bmu-kids.de
www.haus-der-kleinen-forscher.de
www.plastikalternative.de
www.zero-waste-deutschland.de/tag/zero-waste-kids
www.zerowastefamilie.de
www.wastelesshero.com/nachhaltiger-plastikfreier-und-zerowaste-im-kindergarten
www.codecheck.info

Spiel + Spaß

www.berlin-recycling.de/blog/impulse/576-ideen-um-kindern-spielerisch-muelltrennung-beibringen
www.oekoleo.de/artikel/malen-mit-selbstgemachten-pflanzenfarben
www.najuversum.de/wasserfarben-selbstgemacht

Rezepte + Gesundheit

www.zentrum-der-gesundheit.de/rezepte/entdecken
www.isshappy.de/rezepte
www.kochenmitkind.at/rezepte
www.erdbeerkinder.de
www.kraftort-rohkostkueche.de/kategorie/rezepte
www.gruenspross.at/category/rezepte

Tauschen + Kaufen

www.mamikreisel.de
www.kleiderkreisel.de
www.ubup.com
www.meinespielzeugkiste.de
www.tauschticket.de
www.tauschgnom.de
www.tauschen-und-verschenken.de
www.memo.de
www.oekonorm.com
www.gruenes-spielzeug.de
www.echtkind.de
www.waldorfshop.eu
www.livipur.de
www.wastelesshero.com
www.waschbaer.de
www.avocadostore.de
www.bundladen.de
www.hans-natur.de

Impressum

Bibliografische Information der Deutschen Bibliothek
Die Deutsche Bibliothek verzeichnet diese Publikation in der Deutschen Nationalbibliografie; detaillierte bibliografische Daten sind im Internet über http://dnb.ddb.de abrufbar.

2. Auflage 2022

Alle Rezepte, Tipps und Angaben in diesem Heft wurden nach bestem Wissen recherchiert und geprüft. Alle Angaben in diesem Heft erfolgen ohne jegliche Gewährleistung oder Garantie seitens der Autorinnen oder des Verlags. Eine Haftung für Personen-, Sach- und Vermögensschäden ist damit ausgeschlossen.

Text: Angelika Back/Lena Buchmann

Satz und Layout: Katrin Kleinschrot

Illustrationen: Melanie Geitlinger
Cover Kinder mit Weltkugel © cirodelia – Adobe Stock, Cover Mülltone © peto-varga – Shutterstock

Fotos: S. 6 © Rawpixel.com – Adobe Stock, S. 9 © Ravil Sayfullin – Adobe Stock, S. 12 © Gargonia – Adobe Stock, S. 14 © Susanne Fritzsche – Adobe Stock, S. 17 © Anatoliy Karlyuk – Adobe Stock, S. 20 © Alrandir – Adobe Stock, S. 21 © Евгения Мурашова – Adobe Stock, S. 25 © Victoria M – Adobe Stock, S. 27 © Aleksandra Suzi – Adobe Stock, S. 28 © antje2810 – Adobe Stock, S. 29 © Iryna – Adobe Stock, S. 33 © doris oberfrank-list – Adobe Stock, S. 35 © Axel – Adobe Stock, S. 37 © Oksana Kuzmina – Adobe Stock, S. 41 © SoilPaparazzi – Adobe Stock, S. 43 © Angelika Back, S. 46 © Gargonia – Adobe Stock, S. 47 © Angelika Back, S. 50 © mhp – Adobe Stock, S. 52 © elena_hramowa – Adobe Stock, S. 55 © Marcin – Adobe Stock, S. 56 © Natalia Garidueva – Adobe Stock, S. 57 © Andrey Kuzmin – Adobe Stock

Druck und Bindung: Druckerei Lokay e. K., Reinheim
ISBN 978-3-7806-5149-5